经济数学

主　编　管永娟　刘康波

苏州大学出版社

图书在版编目(CIP)数据

经济数学 / 管永娟，刘康波主编. --苏州：苏州大学出版社，2025.8. -- ISBN 978-7-5672-5345-2

Ⅰ. F224.0

中国国家版本馆 CIP 数据核字第 20257RE080 号

经济数学

管永娟　刘康波　主编

责任编辑　征　慧

苏州大学出版社出版发行
（地址:苏州市十梓街1号　邮编:215006）
苏州工业园区美柯乐制版印务有限责任公司印装
（地址：苏州工业园区双马街97号　邮编：215127）

开本 700 mm×1 000 mm　1/16　印张 10.75　字数 174 千
2025 年 8 月第 1 版　2025 年 8 月第 1 次印刷
ISBN 978-7-5672-5345-2　定价:36.00 元

图书若有印装错误,本社负责调换
苏州大学出版社营销部　电话:0512-67481020
苏州大学出版社网址　http://www.sudapress.com
苏州大学出版社邮箱　sdcbs@suda.edu.cn

《经济数学》编写组

主　审　叶　娇　王卫群

主　编　管永娟　刘康波

副主编　刘　逸　彭丽娇　卢惟康

参　编　徐志尧　易　强　单武将

　　　　王超杰　贺楚雄　袁文胜

　　　　王怡玮

Preface 前言

为适应现在中国高等职业教育人才培养的个性化需求，本着“因材施教、服务双创、着眼经济、提升素质”的课程改革要求，同时应线上教育的需求，我们在经济数学分层教学改革的探索基础上，编写了这本《经济数学》，作为高职院校经济类专业数学教材的主干教材。

高职培养的学生是应用型人才，编写的教材要注重培养学生的实践能力，并对学生的“分层教育”引导，在考虑这些问题的情况下，突出本书以下特色：

1. 实用为主，知识点覆盖面广但不深，够用为止；
2. 强化案例设计，突出能力目标；
3. 传统与现代相结合，利用微视频讲解重要知识点。

本教材由叶娇、王卫群主审，管永娟、刘康波任主编。本教材共五章，其中第 1 章由管永娟、王怡玮、彭丽娇编写；第 2 章由刘康波、易强、卢惟康编写；第 3 章由叶娇、单武将、刘逸编写；第 4 章由王卫群、管永娟、徐志尧编写；第 5 章由袁文胜、贺楚雄、王超杰编写；管永娟对全书进行统稿。

本书的编写和出版得到了苏州大学出版社的大力支持，在此致以最诚挚的谢意。

由于编者水平有限，时间也比较紧迫，教材中可能仍存在一些不妥之处，恳请广大师生和读者批评指正，以便我们在今后的修订中加以完善。我们的电子邮箱是 2535846167@qq.com。

编者

2025 年 6 月

Contents 目录

第1章 函 数

第4章 不定积分

第5章 定积分及其应用

第1章　函　数

§1.1　函数的概念

万事万物都在不停地变化.例如,每天的气温都会随时间的变化而变化,产品的生产成本会随产量的增加而增加.微积分作为研究和描述客观世界的工具,它的主要研究对象是相依变量之间的函数关系.

本节将讲述函数的概念、函数的几何特性.

1.1.1　函数的定义

在研究各种实际问题的过程中,常常会遇到两种不同类型的量:一种是变的,即在所研究问题的过程中可取不同的数值;另一种是不变的,即在所研究问题的过程中保持不变,只取一个固定值.前者称为**变量**,后者称为**常量**.而参与实际问题的诸变量之间往往是相互联系、相互制约的,这种相互关系通常表现为变量取值的对应关系.

引例1　我们去银行存钱,假设一年定期整存整取的年利率为 4.14%，则存款金额 x 与一年到期时的利息 Y 之间的对应关系如表 1.1.1 所示.

表 1.1.1　存款金额与一年到期时的利息之间的对应关系

存款金额 x/元	500	1 000	2 000	5 000	10 000	20 000
一年到期时的利息 Y/元	20.7	41.4	82.8	207	414	828

引例 2　在气象观测站，气温自动记录仪把某一天的气温变化描绘在记录纸上，如图 1.1.1 所示. 曲线上某一点 $P_0(t_0, x_0)$ 表示时刻 t_0 的气温是 x_0. 观察这条曲线，可以知道在这一天内，时间 t 从 0:00 到 24:00 气温 x（单位：℃）的变化情形. 时间 t 和气温 x 都是变量，这两个变量之间的对应关系是由一条曲线确定的.

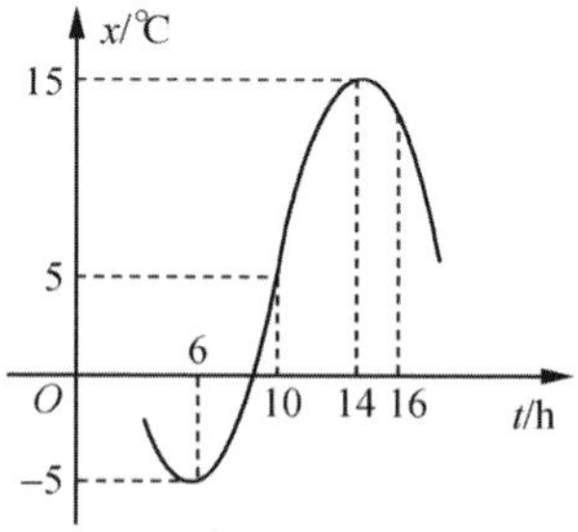

图 1.1.1

引例 3　圆的面积 A 是由圆的半径 r 决定的. 只要 r 取定一个数值，面积 A 就有一个确定的值与之对应，且 A 与 r 之间有如下关系式：$A=\pi r^2\ (r>0)$.

引例 4　某市出租车收费标准为：乘车不超过 3 km，收费 10 元；超过 3 km 而不超过 15 km，超出的里程按每千米（不足 1 km 按 1 km 计）加收 2 元；超过 15 km，超出的里程按每千米（不足1 km 按 1 km 计）加收 3 元.

解　由于乘车里程不超过 3 km、超过 3 km 而不超过 15 km 及超过15 km 的收费标准不同，乘客乘车的费用 P（元）与乘车的里程 x(km)之间的数量关系应用三个数学式来表示，即

$$P=\begin{cases}10, & 0<x\leqslant 3,\\ 10+2(x-3), & 3<x\leqslant 15,\\ 10+2(15-3)+3(x-15), & x>15.\end{cases}$$

该引例中，乘车里程 x 与乘车费用 P 都是变量，x 在其取值范围内每取定一个值，按上式，P 就有唯一确定的一个值与之对应.

以上列举的引例，虽是来自不同的领域，而且具有不同的表

示形式，如表格、图形、公式等，但它们的共性是：都反映了在同一过程中有着两个相互依赖的变量，当其中一个量在某数集内取值时，按一定的规则，另一个量有唯一确定的值与之对应．变量之间的这种数量关系就是**函数关系**．

设 x 和 y 是两个变量，D 是一个给定的非空数集．若对于每一个数 $x\in D$，按照某一确定的对应法则 f，变量 y 总有唯一确定的数值与之对应，则称 y 是 x 的函数，记作 $y=f(x)$，$x\in D$，其中 x 称为**自变量**，y 称为**因变量**，数集 D 称为该函数的**定义域**．

定义域 D 是自变量 x 的取值范围，也就是使函数 $y=f(x)$ 有意义的数集．由此，若 x 的取值 $x_0\in D$，则称该函数在点 x_0 处**有定义**，与 x_0 对应的 y 的数值称为函数在点 x_0 处的**函数值**，记作 $f(x_0)$ 或 $y|_{x=x_0}$．

当 x 取遍数集 D 中的所有数值时，对应的函数值全体构成的数集

$$Z=\{y\,|\,y=f(x),x\in D\}$$

称为该函数的**值域**．若 $x_0\notin D$，则称该函数在点 x_0 处**没有定义**．

由函数的定义可知，确定一个函数需要**三个因素**：定义域 D、对应法则 f 和值域 Z．注意到每一个函数值都可由一个 $x\in D$ 通过 f 而唯一确定，于是给定 D 和 f，Z 就相应地被确定了，从而 D 和 f 就是确定一个函数的**两个要素**．当两个函数用不同的解析式表示时，这两个函数相等的**充要条件**是定义域相同且对应法则相同．

例 1　求函数 $y=\dfrac{x^2-3}{\sqrt{4-x^2}}+\ln(x+1)$ 的定义域．

解　该函数由两项和构成，其定义域应是各项自变量取值范围的公共部分，须对每项分别讨论．

第一项是分式，其分子中 x 可取任意值；对于分母 $\sqrt{4-x^2}$，因偶次根的被开方数应非负，所以有 $4-x^2\geqslant 0$，又注意到分母不能为零，所以有 $4-x^2>0$，即 $-2<x<2$，写成区间则是 $(-2,2)$．

第二项 $\ln(x+1)$，因对数符号下的式子应为正，故有 $x+1>0$，

即 $x>-1$，写成区间则是$(-1,+\infty)$.

上述两个区间之交是区间$(-1,2)$，这就是所求函数的定义域.

例 2 设 $y=f(x)=x^2-3x+2$，求 $f(1)$，$f(0)$，$f(-1)$，$f(a)$，$f(-x)$，$f(f(x))$.

解 这是已知函数的表示式，求函数在指定点的函数值的问题. 易看出该函数对 x 取任何数值都有意义.

$f(1)$是当自变量 x 取 1 时函数 $f(x)$的函数值. 为求 $f(1)$，须将 $f(x)$的表示式中的 x 换为数值 1，得

$$f(1)=1^2-3\times1+2=0,$$

或记作

$$y|_{x=1}=(x^2-3x+2)|_{x=1}=1^2-3\times1+2=0.$$

同理可得

$$f(0)=0^2-3\times0+2=2 \text{ 或 } y|_{x=0}=0^2-3\times0+2=2.$$

$$f(-1)=(-1)^2-3\times(-1)+2=6 \text{ 或}$$

$$y|_{x=-1}=(-1)^2-3\times(-1)+2=6.$$

为求 $f(a)$，须将 $f(x)$的表示式中的 x 换为 a，得

$$f(a)=a^2-3a+2.$$

同理，将 x 换为 $-x$，得

$$f(-x)=(-x)^2-3\times(-x)+2=x^2+3x+2.$$

将 $f(x)$的表示式中的 x 换为 $f(x)$的表示式，得

$$\begin{aligned} f(f(x))&=[f(x)]^2-3f(x)+2 \\ &=(x^2-3x+2)^2-3(x^2-3x+2)+2 \\ &=x^4-6x^3+10x^2-3x. \end{aligned}$$

引例 3 用一个数学式子表示两个变量之间的函数关系，而引例 4 则用三个数学式子表示两个变量之间的函数关系. 若两个变量之间的函数关系要用两个或两个以上的数学式子来表达，即对一个函数，在其定义域的不同部分用不同数学式子来表达，则称为分段函数.

例3　对引例4:(1) 试确定函数 $P=P(x)$的定义域;

(2) 试求乘客乘车 2 km、3 km、5 km 和 20 km 所付的费用.

解　由引例4所给乘车费用 P 与乘车里程 x 之间的关系式可知,这是分段函数. $x=3$, $x=15$ 是该分段函数的分段点.

由于乘车里程 x 可在区间 $(0,3]$内取值,也可在区间 $(3,15]$ 内取值,还可在区间 $(15,+\infty)$ 内取值,故该函数的定义域是 $(0,3]\cup(3,15]\cup(15,+\infty)=(0,+\infty)$.

因 $2\in(0,3]$,所以当乘客乘车 2 km 时,所付的费用 $P=10$(元).

同样,因 $3\in(0,3]$,所以当乘客乘车 3 km 时,所付的费用 $P=10$(元).

因 $5\in(3,15]$,所以当乘客乘车 5 km 时,所付的费用应由式子 $P=10+2(x-3)$计算,即

$$P=[10+2(x-3)]|_{x=5}=14(\text{元}).$$

因 $20\in(15,+\infty)$,所以当乘客乘车 20 km 时,所付的费用应由式子 $P=10+2(15-3)+3(x-15)$计算,即

$$P=[10+2(15-3)+3(x-15)]|_{x=20}=49(\text{元}).$$

1.1.2　函数的几何特性

函数的几何特性包括奇偶性、单调性、周期性和有界性. 由于函数的几何特性在中学都已学习过,这里只作简要说明.

1. 函数的奇偶性

由图 1.1.2 可以看出,曲线 $y=x^3$ 关于坐标原点对称,即自变量取一对相反的数值时,相对应的一对函数值也恰是相反数,这时称 $y=x^3$ 为**奇函数**. 图 1.1.3 表明,曲线 $y=x^2$ 关于 y 轴对称,即自变量取一对相反的数值时,相对应的一对函数值却相等,这时称 $y=x^2$ 为**偶函数**.

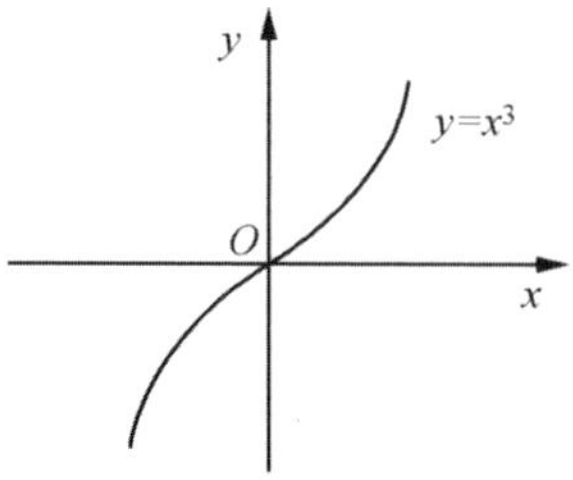

图 1.1.2

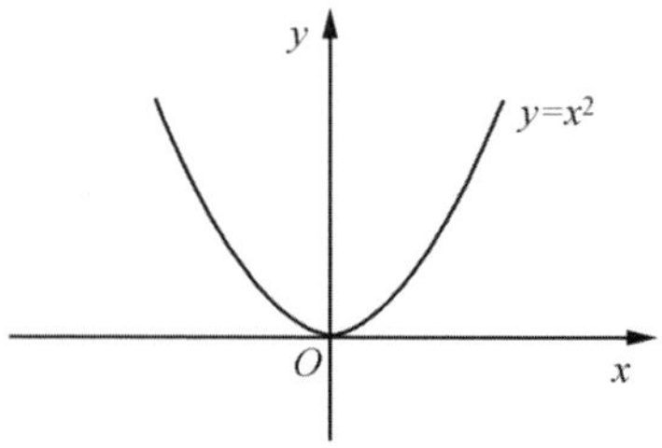

图 1.1.3

一般地，设函数 $y=f(x)$ 的定义域 D 关于原点对称，若对任意 $x\in D$，有

(i) $f(-x)=-f(x)$，则称 $f(x)$ 为奇函数；

(ii) $f(-x)=f(x)$，则称 $f(x)$ 为偶函数.

奇函数的图形关于坐标原点对称；偶函数的图形关于 y 轴对称.

2. 函数的单调性

观察函数 $y=x^3$ 的图形（图 1.1.2），从左向右看（沿着 x 轴的正方向），这是一条上升的曲线，即函数值随着自变量值的增大而增大，这样的函数称为在区间 $(-\infty,+\infty)$ 内是单调增加的. 在区间 $(-\infty,0)$ 内，观察函数 $y=x^2$ 的图形（图 1.1.3），我们会看到，情况完全相反，这是一条下降的曲线，即函数值随自变量值的增大而减少，这时称函数 $y=x^2$ 在区间 $(-\infty,0)$ 内是单调减少的.

一般地，设函数 $f(x)$ 在区间 I 上有定义，若对于 I 中的任意两点 x_1 和 x_2，当 $x_1<x_2$ 时，总有

(i) $f(x_1)<f(x_2)$，则称函数 $f(x)$ 在 I 上是**单调增加**的；

(ii) $f(x_1)>f(x_2)$，则称函数 $f(x)$ 在 I 上是**单调减少**的.

单调增加的函数和单调减少的函数统称为单调函数. 若 $f(x)$ 在区间 I 内是单调函数，则称 I 是该函数的**单调区间**.

沿着 x 轴的正方向看，单调增加函数的图形是一条上升的曲线；单调减少函数的图形是一条下降的曲线. 由图 1.1.4 知，在区间 $(-\infty,+\infty)$ 内，函数 $y=2^x$ 是单调增加的；而函数 $y=\left(\frac{1}{2}\right)^x$

则是单调减少的. 由图 1.1.5 知,在区间$(0,+\infty)$内,函数 $y=\ln x$ 是单调增加的.

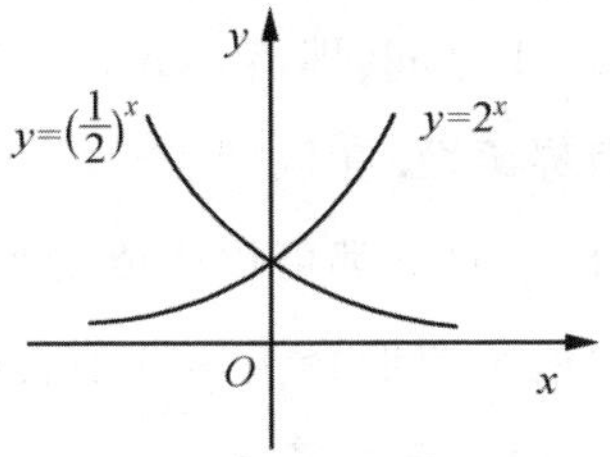

图 1.1.4

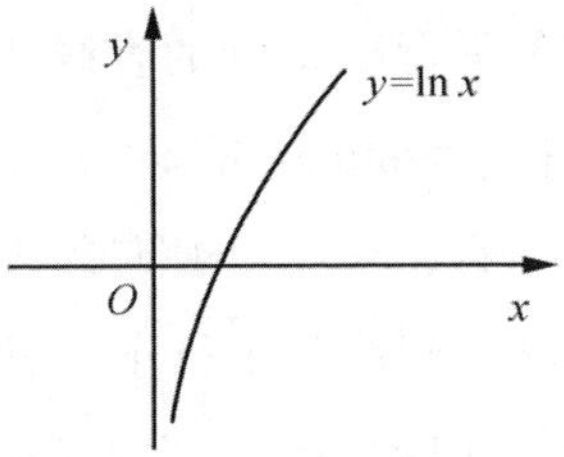

图 1.1.5

3. 函数的周期性

我们已经知道,正弦函数 $y=\sin x$ 是周期函数,即有

$$\sin(x+2n\pi)=\sin x, n=\pm1,\pm2,\cdots,$$

即$\pm2\pi,\pm4\pi,\cdots$都是函数 $y=\sin x$ 的周期,而 2π 是它的最小正周期,一般称 2π 为正弦函数 $y=\sin x$ 的周期(图 1.1.6).

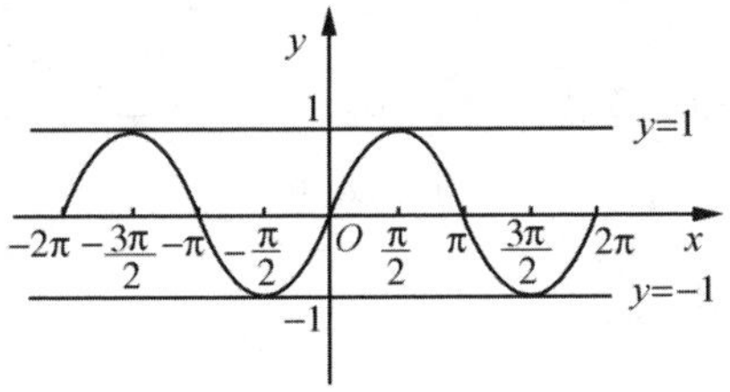

图 1.1.6

一般地,设函数 $f(x)$的定义域为 D,若存在一个非零常数 T,对于 D 内所有 x,都有 $x+T\in D$,且有

$$f(x+T)=f(x)$$

成立,则称 $f(x)$是**周期函数**,称 T 是它的一个**周期**.

若 T 是函数的一个周期,则$\pm2T,\pm3T,\cdots$也都是它的周期. 对于周期函数 $f(x)$,若它在所有的周期中存在一个最小的正数,通常,我们称周期中的**最小正周期**为周期函数的周期.

周期为 T 的周期函数,在长度为 T 的各个区间上,其函数的图形有相同的形状. 对正弦函数 $y=\sin x$,在长度为 2π 的各个区间上,其图形的形状显然是相同的.

4. 函数的有界性

在区间$(-\infty,+\infty)$上，函数 $y=\sin x$ 的图形(图 1.1.6)介于两条平行于 x 轴的直线 $y=-1$ 和 $y=1$ 之间，即有$|\sin x|\leqslant 1$，这时称 $y=\sin x$ 在$(-\infty,+\infty)$内是**有界函数**. 在区间$(-\infty,+\infty)$内，函数 $y=x^3$ 的图形(图 1.1.2)向上、向下都可以无限延伸，不可能找到两条平行于 x 轴的直线，使这个图形介于这两条直线之间，这时称 $y=x^3$ 在区间$(-\infty,+\infty)$内是**无界函数**.

一般地，设函数 $f(x)$在区间 I 上有定义，若存在正数 M，使得对任意的$x\in I$，有

$$|f(x)|\leqslant M(\text{可以没有等号}),$$

则称 $f(x)$在区间 I 上是有界函数；否则，称 $f(x)$是无界函数.

有界函数的图形必介于两条平行于 x 轴的直线 $y=-M(M>0)$和 $y=M$ 之间.

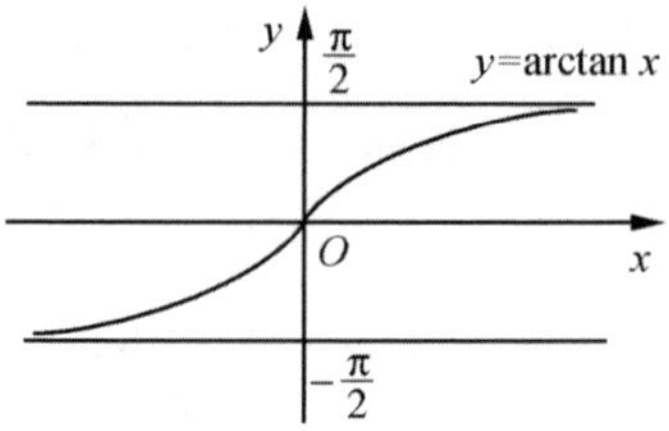

图 1.1.7

例如，反正切函数 $y=\arctan x$ 在其定义域$(-\infty,+\infty)$内是有界的(图 1.1.7)，即

$$|\arctan x|<\frac{\pi}{2}.$$

§1.2 初等函数

1.2.1 基本初等函数

基本初等函数通常是指以下六类函数：常量函数、幂函数、指数函数、对数函数、三角函数和反三角函数. 其基本性质如表 1.2.1 所示.

表 1.2.1 基本初等函数的性质

函数类型	函数	定义域与值域	图象	特性
幂函数	$y=x$	$x\in(-\infty,+\infty)$ $y\in(-\infty,+\infty)$	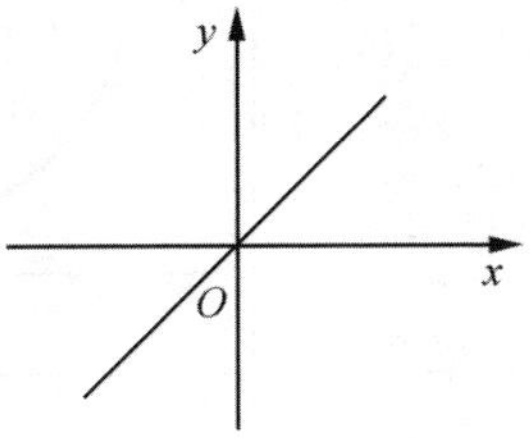	奇函数； 单调增加
	$y=x^2$	$x\in(-\infty,+\infty)$ $y\in[0,+\infty)$	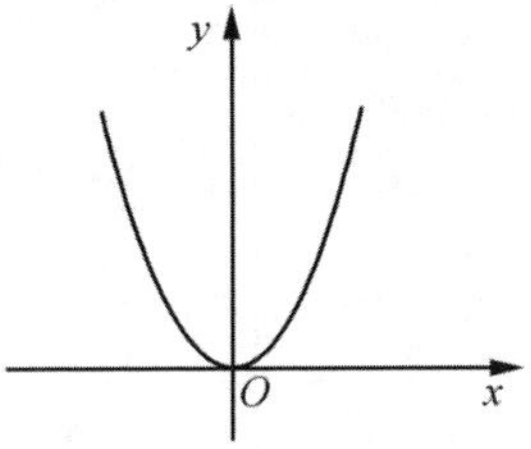	偶函数； 在$(-\infty,0)$内单调减少，在$(0,+\infty)$内单调增加
	$y=x^3$	$x\in(-\infty,+\infty)$ $y\in(-\infty,+\infty)$	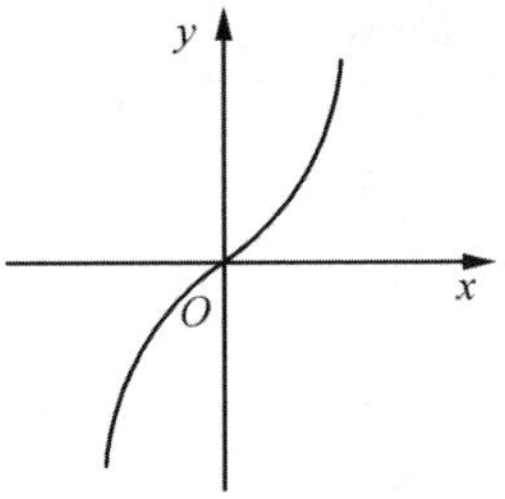	奇函数； 单调增加
	$y=x^{-1}$	$x\in(-\infty,0)\cup(0,+\infty)$ $y\in(-\infty,0)\cup(0,+\infty)$	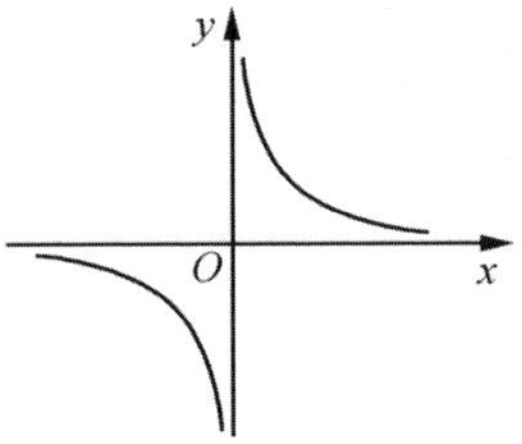	奇函数； 在$(-\infty,0)$和$(0,+\infty)$上单调减少
	$y=x^{\frac{1}{2}}$	$x\in[0,+\infty)$ $y\in[0,+\infty)$	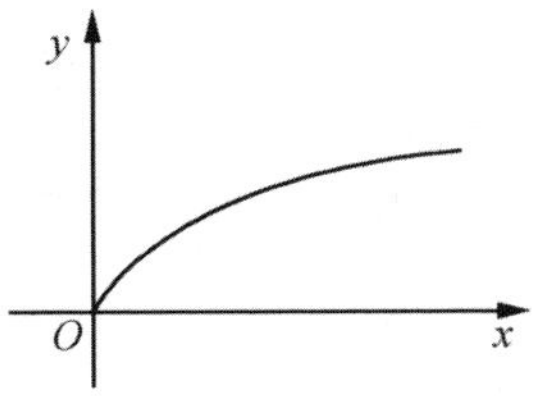	单调增加

续表

函数类型	函数	定义域与值域	图象	特性
指数函数	$y=a^x$ $(0<a<1)$	$x\in(-\infty,+\infty)$ $y\in(0,+\infty)$	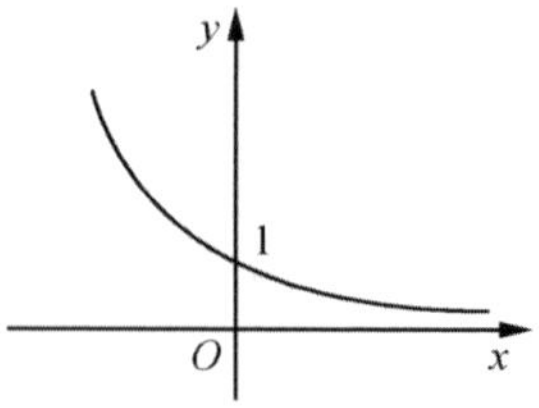	单调减少
	$y=a^x$ $(a>1)$	$x\in(-\infty,+\infty)$ $y\in(0,+\infty)$	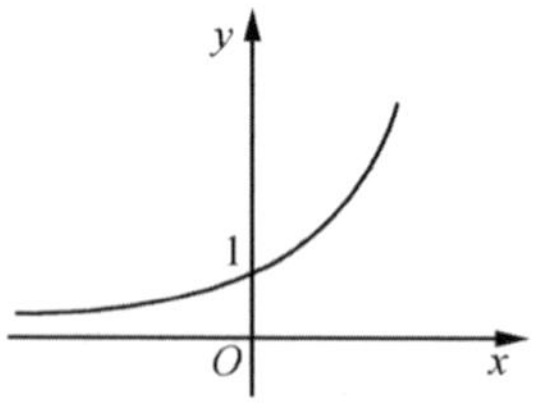	单调增加
对数函数	$y=\log_a x$ $(0<a<1)$	$x\in(0,+\infty)$ $y\in(-\infty,+\infty)$	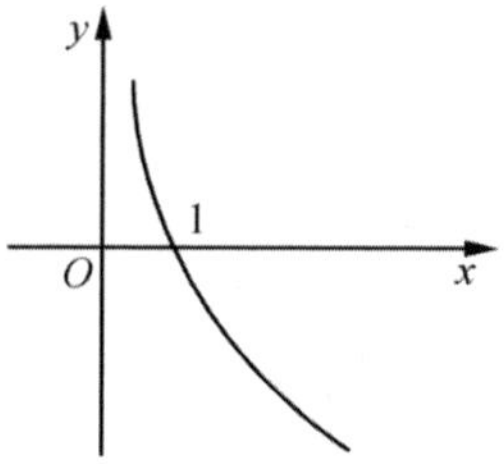	单调减少
	$y=\log_a x$ $(a>1)$	$x\in(0,+\infty)$ $y\in(-\infty,+\infty)$	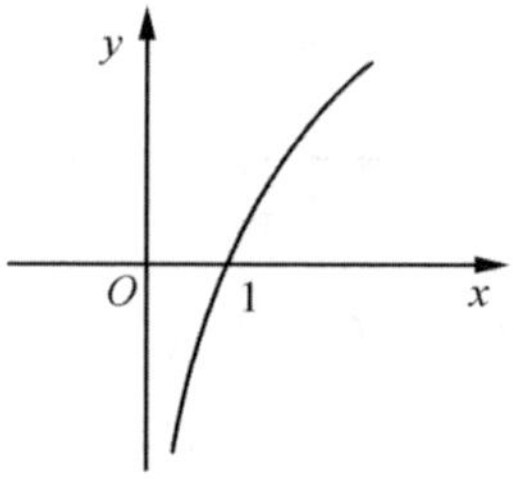	单调增加
三角函数	$y=\sin x$	$x\in(-\infty,+\infty)$ $y\in[-1,1]$	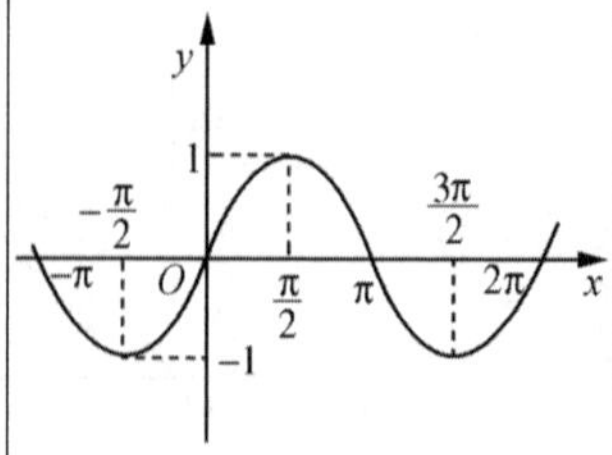	奇函数，周期为 2π，有界，在 $\left(2k\pi-\frac{\pi}{2},2k\pi+\frac{\pi}{2}\right)$ 内单调增加，在 $\left(2k\pi+\frac{\pi}{2},2k\pi+\frac{3\pi}{2}\right)$ 内单调减少 $(k\in\mathbf{Z})$

续表

函数类型	函数	定义域与值域	图象	特性
三角函数	$y=\cos x$	$x\in(-\infty,+\infty)$ $y\in[-1,1]$	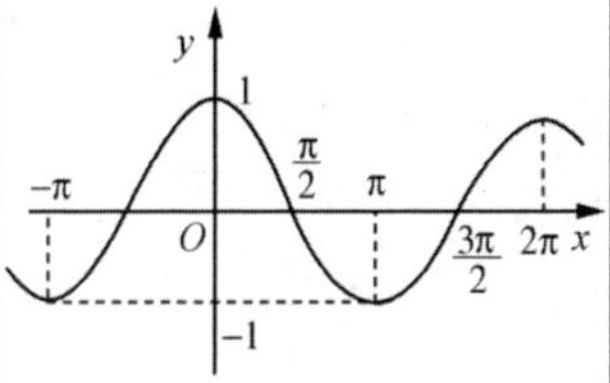	偶函数,周期为2π,有界,在$(2k\pi,2k\pi+\pi)$内单调减少,在$(2k\pi+\pi,2k\pi+2\pi)$内单调增加$(k\in\mathbf{Z})$
	$y=\tan x$	$x\neq k\pi+\frac{\pi}{2}$ $y\in(-\infty,+\infty)$	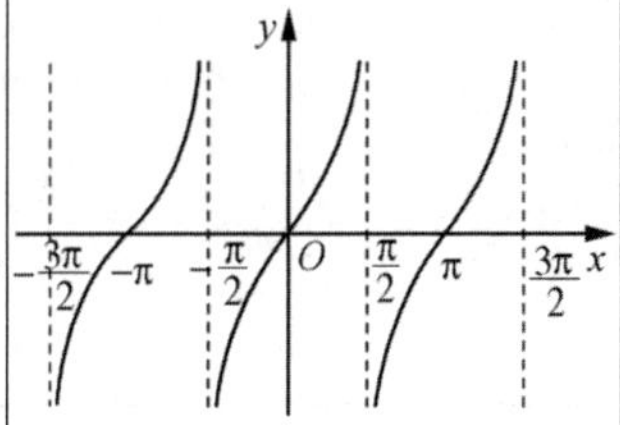	奇函数,周期为π,在$\left(k\pi-\frac{\pi}{2},k\pi+\frac{\pi}{2}\right)$内单调增加$(k\in\mathbf{Z})$
	$y=\cot x$	$x\neq k\pi$ $y\in(-\infty,+\infty)$	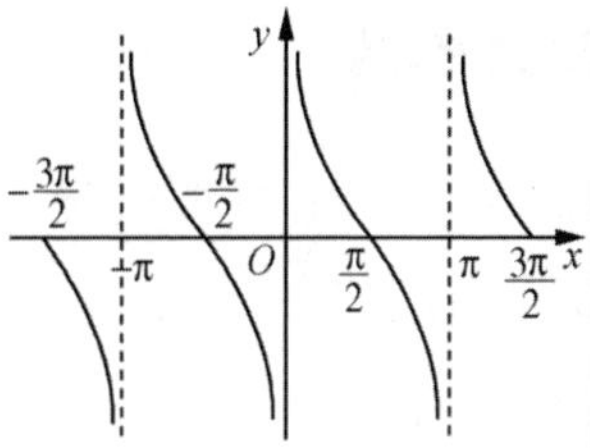	奇函数,周期为π,在$(k\pi,k\pi+\pi)$内单调减少$(k\in\mathbf{Z})$
反三角函数	$y=\arcsin x$	$x\in[-1,1]$ $y\in\left[-\frac{\pi}{2},\frac{\pi}{2}\right]$	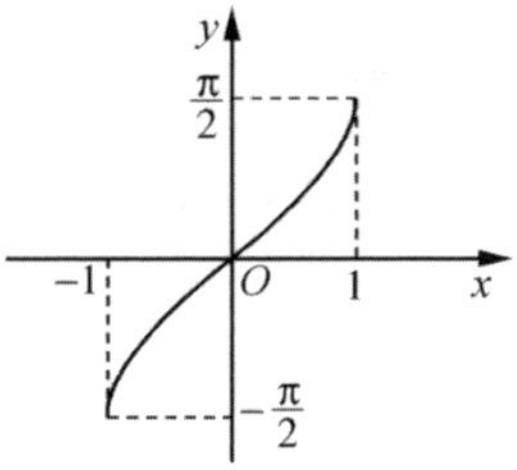	奇函数,单调增加,有界
	$y=\arccos x$	$x\in[-1,1]$ $y\in[0,\pi]$	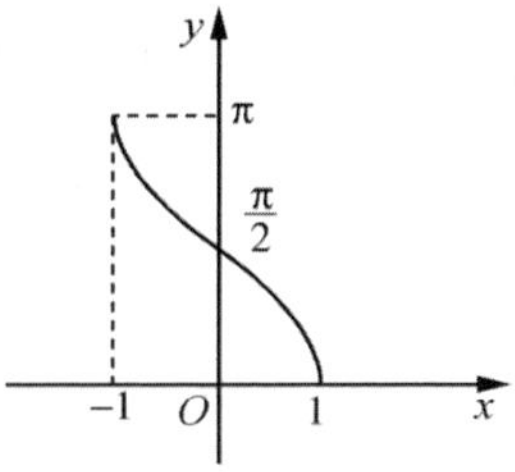	单调减少,有界

续表

函数类型	函数	定义域与值域	图象	特性
反三角函数	$y=\arctan x$	$x\in(-\infty,+\infty)$ $y\in\left(-\frac{\pi}{2},\frac{\pi}{2}\right)$	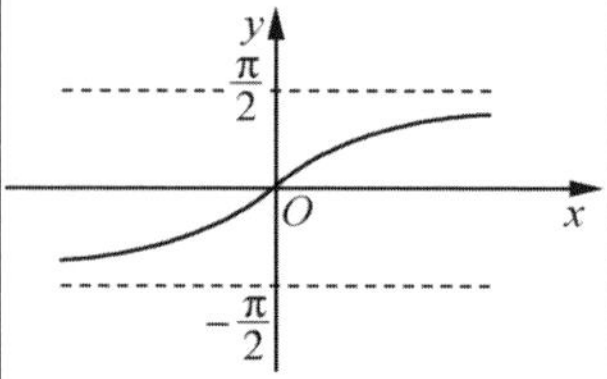	奇函数，单调增加，有界
	$y=\text{arccot}\, x$	$x\in(-\infty,+\infty)$ $y\in(0,\pi)$	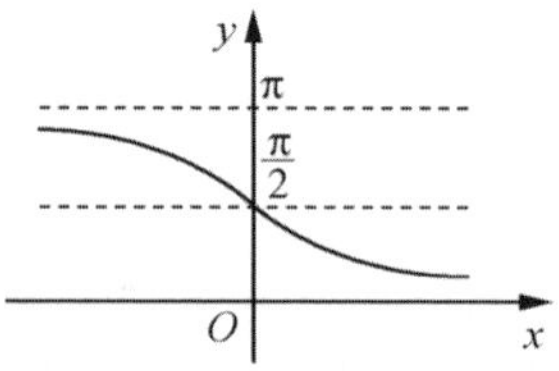	单调减少，有界

1.2.2 复合函数

对于函数 $y=e^{\sin x}$，x 是自变量，y 是 x 的函数. 为了确定 y 值，对给定的 x 值，应先计算 $\sin x$；若令 $u=\sin x$，再由已求得的 u 值计算 e^u，便得到 y 值：$y=e^u$.

这里，可把 $y=e^u$ 理解成 y 是 u 的函数，把 $u=\sin x$ 理解成 u 是 x 的函数. 那么函数 $y=e^{\sin x}$ 就是把函数 $u=\sin x$ 代入函数 $y=e^u$ 中而得到. 按这种理解，函数 $y=e^{\sin x}$ 就是由 $y=e^u$ 和 $u=\sin x$ 这两个函数复合在一起构成的，称为复合函数.

一般地，设 $y=f(u)$，y 是 u 的函数，$u=\varphi(x)$，u 是 x 的函数，若由 x 所确定的 u 使得 y 有意义，则称 y 为**复合函数**，记作 $y=f(\varphi(x))$，即函数 $y=f(\varphi(x))$ 是由函数 $y=f(u)$ 和 $u=\varphi(x)$ 复合而成的复合函数. 通常称 $f(u)$ 是**外层函数**，称 $\varphi(x)$ 是**内层函数**，称 u 为**中间变量**. 函数 $y=f(\varphi(x))$ 看作是用函数 $\varphi(x)$ 代换函数 $y=f(u)$ 中的 u 得到的.

复合函数可由两个函数复合而成，也可以由多个函数相继进行复合而成.

例如，已知函数 $y=f(u)=u^2$，$u=\varphi(x)=\tan x$，则函数 $y=$

$f(\varphi(x))=\tan^2 x$ 就是由已知的两个函数复合而成的复合函数. 再如,已知函数 $y=f(u)=\sqrt{u}$,$u=\varphi(v)=\ln v$,$v=\psi(x)=\sin x$,则函数 $y=f(\varphi(\psi(x)))=\sqrt{\ln\sin x}$ 就是由已知的三个函数复合而成的复合函数.

需要指出的是,不是任何两个函数都能构成复合函数. 例如,函数

$$y=\sqrt{u},u=-1-x^2.$$

对任意 $x\in(-\infty,+\infty)$,由 $u=-1-x^2$ 确定的 $u\in(-\infty,-1]$,不会使得 y 有意义,虽然能写成 $y=\sqrt{-1-x^2}$,但它却无意义. 因为该函数的定义域为空集.

复合函数的本质就是一个函数. 为了研究函数的需要,今后经常要将一个给定的函数看成是由若干个基本初等函数复合而成的形式,从而把它分解成若干个基本初等函数.

例 1 下列函数由哪些基本初等函数复合而成?

(1) $y=\sin^{100}x$; (2) $y=\sin x^{100}$.

解 (1) 由内层函数向外层函数分解,就是按由 x 确定 y 的运算顺序进行:

对给定的 x,先计算正弦函数 $\sin x$,令 $u=\sin x$.

再由 u 计算幂函数 u^{100},令 $y=u^{100}$. 于是,$y=\sin^{100}x$ 由基本初等函数

$$y=u^{100},u=\sin x$$

复合而成.

(2) 由外层函数向内层函数分解,由最外层函数起,层层向内进行,直到自变量 x 的基本初等函数为止.

令 $y=\sin u$(正弦函数),则 $u=x^{100}$.

因 $u=x^{100}$(幂函数)已是自变量 x 的基本初等函数,所以,$y=\sin x^{100}$ 由以下两个基本初等函数复合而成:

$$y=\sin u,u=x^{100}.$$

1.2.3 初等函数

由基本初等函数经过有限次四则运算与复合所构成的函数，统称为初等函数.

初等函数的构成既有函数的四则运算，又有函数的复合运算. 我们必须掌握把初等函数按基本初等函数的四则运算和复合形式分解.

例 2 将函数 $y=e^{(3x^2-1)^5}$ 按基本初等函数的四则运算与复合形式分解.

解 令 $u=(3x^2-1)^5$，则 $y=e^u$；令 $v=3x^2-1$，则 $u=v^5$. 于是，$y=e^{(3x^2-1)^5}$ 由下列函数构成：

$$y=e^u, u=v^5, v=3x^2-1.$$

本书讨论的函数主要是初等函数.

§1.3 常见的经济函数

用数学方法解决实际问题，首先要构建该问题的数学模型，即找出该问题的函数关系. 本节将介绍几种常见的经济函数.

1.3.1 单利与复利

利息是指借款者向贷款者支付的报酬，它是根据本金的数额按一定比例计算出来的. 利息又有存款利息、贷款利息、债券利息、贴现利息等几种主要形式.

1. 单利计算公式

设初始本金为 A_0(元)，银行年利率为 r，则

第一年末本利和为

$$A_1=A_0+rA_0=A_0(1+r),$$

第二年末本利和为

$$A_2=A_0(1+r)+rA_0=A_0(1+2r),$$

……

第 n 年末的本利和为

$$A_n=A_0(1+nr).$$

2. 复利计算公式

设初始本金为 A_0(元)，银行年利率为 r. 则

第一年末本利和为

$$A_1=A_0+rA_0=A_0(1+r),$$

第二年末本利和为

$$A_2=A_0(1+r)+rA_0(1+r)=A_0(1+r)^2,$$

……

第 n 年末的本利和为

$$A_n=A_0(1+r)^n.$$

例 1　现有初始本金 100 万元，若银行年储蓄利率为 5%，问：

(1) 按单利计算，3 年末的本利和为多少？

(2) 按复利计算，3 年末的本利和为多少？

解　(1) 设初始本金为 100 万元，银行年利率为 5%，存三年本利和为

$$A_3=A_0(1+3r)=100\times(1+3\times5\%)\text{万元}=115\text{ 万元},$$

所以 100 万元单利计算存三年本利和为 115 万元.

(2) 设初始本金为 100 万元，银行年利率为 5%，存三年本利和为

$$A_3=A_0(1+r)^3=100\times(1+5\%)^3\text{ 万元}=115.762\,5\text{ 万元},$$

所以 100 万元复利计算存三年本利和为 106.762 5 万元.

1.3.2　需求函数与供给函数

需求函数是指在某一特定时期内，市场上某种商品的各种可

能的购买量和决定这些购买量的诸因素之间的数量关系.

假定其他因素(如消费者的货币收入、偏好和相关商品的价格等)不变,则决定某种商品需求量的因素就是这种商品的**价格**.此时,需求函数表示的就是商品需求量和价格这两个经济量之间的数量关系,即

$$q=f(p),$$

其中,q 表示需求量,p 表示价格.需求函数的反函数 $p=f^{-1}(q)$ 称为**价格函数**,习惯上将价格函数也统称为**需求函数**.

一般说来,商品价格低,需求量大;商品价格高,需求量小.因此,一般需求函数 $q=f(p)$ 是单调减少函数.

通过经验总结,常用的需求函数有如下类型:

线性函数　$q=b-ap$,　$a,b>0$.

幂函数　$q=kp^{-a}$,　$a,k>0$.

指数函数　$q=a\mathrm{e}^{-bp}$,　$a,b>0$.

供给函数是指在某一特定时期内,市场上某种商品的各种可能的供给量和决定这些供给量的诸因素之间的数量关系.

一般说来,商品价格低,生产者不愿生产,供给少;商品价格高,供给多.因此,一般供给函数 $s=\varphi(p)$ 为单调增加函数,其中 s 表示供给量,p 表示价格.因为 $s=\varphi(p)$ 单调增加,所以存在反函数 $p=\varphi^{-1}(s)$,也称为供给函数.

通过经验总结,常用的供给函数有如下类型:

线性函数　$s=cp-d$,　$c,d>0$.

幂函数　$s=kp^{a}$,　$a,k>0$.

指数函数　$s=a\mathrm{e}^{bp}$,　$a,b>0$.

对一种商品而言,如果需求量等于供给量,则这种商品就达到了**市场均衡**.以线性需求函数和线性供给函数为例,令

$$q=s,$$

即

$$b-ap=cp-d,$$

故

$$p=\frac{b+d}{a+c}\equiv p_0,$$

这个价格 p_0 称为该商品的**市场均衡价格**.

市场均衡价格就是需求函数和供给函数两条直线的交点的横坐标. 当市场价格高于均衡价格时，将出现**供过于求**的现象；而当市场价格低于均衡价格时，将出现**供不应求**的现象. 当市场均衡时，有

$$q=s=q_0,$$

称 q_0 为**市场均衡数量**.

根据市场的不同情况，需求函数与供给函数还有二次函数、多项式函数等. 但其基本规律是相同的，都可找到相应的**市场均衡点**(p_0,q_0).

例 2　某种商品的供给函数和需求函数分别为

$$s=25p-10, q=200-5p.$$

求该商品的市场均衡价格和市场均衡数量.

解　由供需均衡条件 $q=s$，可得

$$25p-10=200-5p.$$

因此，市场均衡价格为

$$p_0=p=7.$$

市场均衡数量为

$$q_0=s=q=200-5\times7=165.$$

1.3.3　总成本函数、收入函数与利润函数

产品成本是以货币形式表现的企业生产和销售产品的全部费用支出，**总成本函数**表示费用总额与产量（或销售量）之间的依赖关系，产品成本可分为**固定成本**和**变动成本**两部分. 所谓固定成本，是指在一定时期内不随产量变化的那部分成本；所谓变动成本，是指随产量变化而变化的那部分成本. 一般地，以货币计值的（总）成本 C 是产量 q 的函数，即

$$C=C(q)\ (q\geqslant0),$$

称其为**总成本函数**. 当产量 $q=0$ 时，对应的总成本函数值 $C(0)$ 就

是产品的固定成本值.

设 $C(q)$ 为总成本函数,称 $\overline{C}=\dfrac{C(q)}{q}(q>0)$ 为**单位成本函数**或**平均成本函数**.

总成本函数是单调增加函数,其图象称为**成本曲线**.

销售某种产品的收入 R,等于产品的单位价格 p 乘以销售量 q,即 $R=p\cdot q$,称其为**收入函数**. 而销售利润 L 等于收入 R 减去成本 C,即 $L=R-C$,称其为**利润函数**.

当 $L=R-C>0$ 时,生产者盈利;

当 $L=R-C<0$ 时,生产者亏损;

当 $L=R-C=0$ 时,生产者盈亏平衡,使 $L(q)=0$ 的点 q_0 称为**盈亏平衡点**(又称为**保本点**).

例 3 某工厂生产某产品,每日最多生产 200 单位. 它的日固定成本为 150 元,生产一个单位产品的可变成本为 16 元. 求该厂日总成本函数及平均成本函数.

解 由题意,可得该厂日总成本函数为

$$C=C(q)=150+16q\ (0\leqslant q\leqslant 200).$$

平均成本函数为

$$\overline{C}=\frac{C(q)}{q}=\frac{150+16q}{q}=\frac{150}{q}+16\ (0<q\leqslant 200).$$

例 4 已知某厂生产一个单位产品的可变成本为 15 元,每天的固定成本为 2 000 元,这种产品出厂价为 20 元.

(1) 求利润函数;

(2) 若不亏本,则该厂每天至少生产多少单位的这种产品?

解 (1) 由题意,可求得总成本函数为

$$C=C(q)=2\ 000+15q.$$

收入函数为

$$R=p\cdot q=20q,$$

则利润函数为

$$L=R-C=20q-(2\ 000+15q)=5q-2\ 000.$$

(2) 若不亏本，即 $L=R-C\geqslant 0$，则

$$L=R-C=5q-2\ 000\geqslant 0,$$

可求得

$$q\geqslant 400.$$

故该厂每天至少生产 400 单位的这种产品.

例 5 某厂生产的手掌游戏机每台可卖 110 元，固定成本为 7 500 元，可变成本为每台 60 元.

(1) 要卖多少台手掌游戏机，厂家才可保本(收回投资)?

(2) 若卖掉 100 台，则厂家盈利或亏损了多少?

(3) 若要获得 1 250 元利润，则需要卖多少台?

解 (1) 设厂家生产的台数为 q，则总成本

$$C(q)=7\ 500+60q.$$

总收入函数为

$$R(q)=110q.$$

令

$$R(q)=C(q),$$

即

$$110q=7\ 500+60q,$$

解得

$$q=150.$$

故要卖 150 台，厂家才可保本.

(2) $C(100)=7\ 500+60\times 100=13\ 500$，$R(100)=11\ 000$，

$C(100)-R(100)=2\ 500$，

故若卖掉 100 台，则厂家亏损 2 500 元.

(3) $L(q)=R(q)-C(q)=110q-7\ 500-60q=50q-7\ 500$，

因

$$L(q)=1\ 250,$$

则

$$50q-7\ 500=1\ 250,$$

解得

$$q=175.$$

故要卖 175 台,才能获得 1 250 元利润.

§1.4 函数的极限

极限思想是为了求某些实际问题的精确答案而产生的. 例如,我国古代数学家刘徽(公元 3 世纪)利用圆内接正多边形来推算圆面积的方法——割圆术,便是极限思想在几何学领域的应用. 又如,春秋战国时期的哲学家庄子(约公元前 369 年—前 286 年)在《庄子 · 天下篇》写道:"一尺之捶,日取其半, 万世不竭",其中也隐含了深刻的极限思想.

极限是研究变量的变化趋势的基本工具,高等数学中许多基本概念,如连续、导数、定积分、无穷级数等,都建立在极限的基础上. 极限方法又是研究函数的一种最基本的方法. 本节将讨论数列极限与函数极限的概念及其计算方法.

1.4.1 数列的极限

引例 1 你理解"一尺之捶,日取其半,万世不竭"的意义吗?

分析 这是春秋战国时期哲学家庄周所著的《庄子 · 天下篇》中的一句话. 意思是:一根长为一尺的棒,每天截去一半,这样的过程可以无限地进行下去.

实际上,每天截去一半后剩下的棒的长度(单位:尺,尺为旧制长度单位)分别为:

第 1 天剩下$\frac{1}{2}$;

第 2 天剩下$\frac{1}{2^2}=\frac{1}{4}$;

第 3 天剩下$\frac{1}{2^3}=\frac{1}{8}$；

……

第 21 天剩下$\frac{1}{2^{21}}=\frac{1}{2\ 097\ 152}$；

第 22 天剩下$\frac{1}{2^{22}}=\frac{1}{4\ 194\ 304}$；

……

第 n 天剩下$\frac{1}{2^n}$；

……

这样，我们就得到一列数

$$\frac{1}{2},\frac{1}{2^2},\cdots,\frac{1}{2^{21}},\frac{1}{2^{22}},\cdots,\frac{1}{2^n},\cdots, \tag{1.1}$$

这一列数就是一个数列.

随着时间的推移，剩下的棒的长度越来越短，显然，当天数 n 无限增大时，剩下的棒的长度将无限缩短，即剩下的棒的长度$\frac{1}{2^n}$越来越接近于数 0. 这时我们就称由剩下的棒的长度构成的数列(1.1)以常数 0 为极限，并记作

$$\lim_{n\to\infty}\frac{1}{2^n}=0.$$

一般地，按正整数顺序排列的无穷多个数称为数列，数列通常记作

$$y_1,y_2,y_3,\cdots,y_n,\cdots,$$

或简记作$\{y_n\}$. 数列中的每个数，称为数列的项，依次称为第一项、第二项……第 n 项，y_n 称为**通项或一般项**.

所谓数列的极限，就是讨论数列$\{y_n\}$的通项 y_n 当 n 无限增大时的变化趋势. 特别地，讨论是否有趋向于某个固定常数的变化趋势.

设数列$\{y_n\}$：

$$y_1,y_2,y_3,\cdots,y_n,\cdots.$$

若当 n 无限增大时，y_n 趋向于常数 A，则称**数列 $\{y_n\}$ 以 A 为极限**，记作

$$\lim_{n\to\infty} y_n = A \text{ 或 } y_n \to A \ (n\to\infty).$$

前式读作"当 n 趋于无穷大时，y_n 的极限等于 A"；后式读作"当 n 趋于无穷大时，y_n 趋于 A"。

有极限的数列称为**收敛数列**，没有极限的数列称为**发散数列**。

例如，数列 $\left\{1+\frac{1}{n}\right\}$：

$$1+\frac{1}{1},1+\frac{1}{2},1+\frac{1}{3},\cdots,1+\frac{1}{n},\cdots,$$

当 n 无限增大时，由于 $\frac{1}{n}$ 无限接近于数 0，所以 $y_n=1+\frac{1}{n}$ 无限接近于数 1. 因此，数列 $\left\{1+\frac{1}{n}\right\}$ 以 1 为极限，即

$$\lim_{n\to\infty}\left(1+\frac{1}{n}\right)=1.$$

数列 $\{2n\}$：

$$2,4,6,\cdots,2n,\cdots,$$

当 n 无限增大时，$y_n=2n$ 也无限增大，它不趋于任何常数，该数列就没有极限.

注意到 $y_n=2n$ 随着 n 无限增大，它有确定的变化趋势，即取正值且无限增大，对这种情况，我们借用极限的记法表示它的变化趋势，记作

$$\lim_{n\to\infty} 2n=+\infty \text{ 或 } 2n\to+\infty \ (n\to\infty),$$

并称该数列的极限是**正无穷大**.

同样，对数列 $\{-n^2\}$，$\{(-1)^n n\}$，可分别记作

$$\lim_{n\to\infty}(-n^2)=-\infty,\lim_{n\to\infty}(-1)^n n=\infty.$$

前者称数列的极限是负无穷大，后者称数列的极限为无穷大.

数列 $\{(-1)^n\}$ 的通项是 $y_n=(-1)^n$，其数值只在 -1 和 1 上

跳来跳去，也不能趋于某一常数，这样的数列也没有极限.

例 1　考察数列$\left\{\left(1+\frac{1}{n}\right)^n\right\}$的极限.

解　对 n 分别取值，计算数列$\left\{\left(1+\frac{1}{n}\right)^n\right\}$的值，列出表 1.4.1.

表 1.4.1　数列$\left\{\left(1+\frac{1}{n}\right)^n\right\}$的值

n	$\left(1+\frac{1}{n}\right)^n$
1	2.000 000
10	2.593 742
10^2	2.704 814
10^3	2.716 924
10^4	2.718 146
10^5	2.718 268
10^6	2.718 280

由表 1.4.1 看出，该数列是单调增加的. 若再仔细分析表中的数值会发现，随着 n 增大，数列后项与前项的差值在减少，而且减少得相当快. 这表明，数列的通项 $y_n=\left(1+\frac{1}{n}\right)^n$ 当 n 无限增大时，将趋于一个常数. 可以推出，该数列$\left\{\left(1+\frac{1}{n}\right)^n\right\}$有极限，且其极限为 e，即

$$\lim_{n\to\infty}\left(1+\frac{1}{n}\right)^n=\mathrm{e}.$$

1.4.2　函数的极限

1. 当 $x\to\infty$ 时，函数 $f(x)$ 的极限

x 在这里作为函数 $f(x)$ 的自变量. 若 x 取正值且无限增大，记作 $x\to+\infty$，读作“x 趋于正无穷大”；若 x 取负值且其绝对值 $|x|$ 无限增大，记作 $x\to-\infty$，读作“x 趋于负无穷大”. 若 x 既取正值又取负值，且其绝对值无限增大，记作 $x\to\infty$，读作“x 趋于无

穷大”.

“当 $x \to +\infty$ 时，函数 $f(x)$ 的极限”，就是讨论当自变量 x 的绝对值 $|x|$ 无限增大时，函数 $f(x)$ 的变化趋势.

引例 2(遗忘曲线) 德国心理学家艾宾浩斯经研究，得到非常有名的揭示遗忘规律的曲线，称为艾宾浩斯遗忘曲线(图 1.4.1)：图中纵轴表示学习中记住的记忆量(单位：%)，横轴表示时间(单位：天)，曲线表示记忆量变化的规律.

分析 这条曲线告诉人们在学习中的遗忘是有规律的，遗忘的进程不是均衡的，过了相当长的时间后，几乎就不再遗忘了，这就是遗忘的发展规律. 该问题可理解为，当时间趋于正无穷大时，记忆量将以某个常数为极限.

设函数 $f(x)$ 在 $|x|>a(a>0)$ 时有定义，若当 $x\to\infty$ 时，函数 $f(x)$ 趋于常数 A，则称**函数 $f(x)$ 当 x 趋于无穷大时以 A 为极限**，记作

$$\lim_{x\to\infty} f(x)=A \text{ 或 } f(x)\to A \ (x\to\infty).$$

上述定义的几何意义：曲线 $y=f(x)$ 沿着 x 轴的正向和负向无限延伸时，与直线 $y=A$ 越来越接近. 此时，称直线 $y=A$ 为曲线 $y=f(x)$ 的水平渐近线(图 1.4.2)

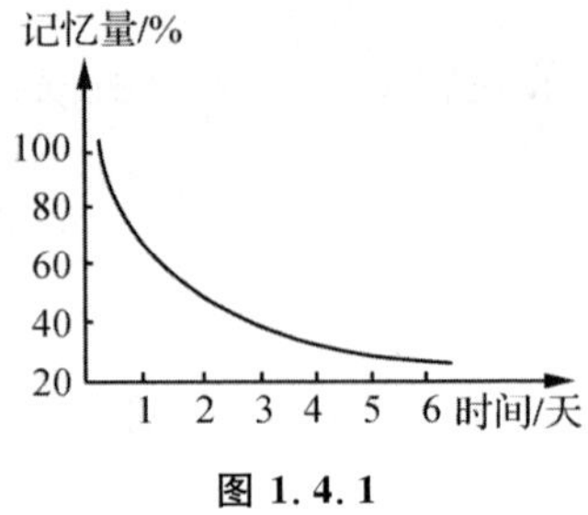

图 1.4.1

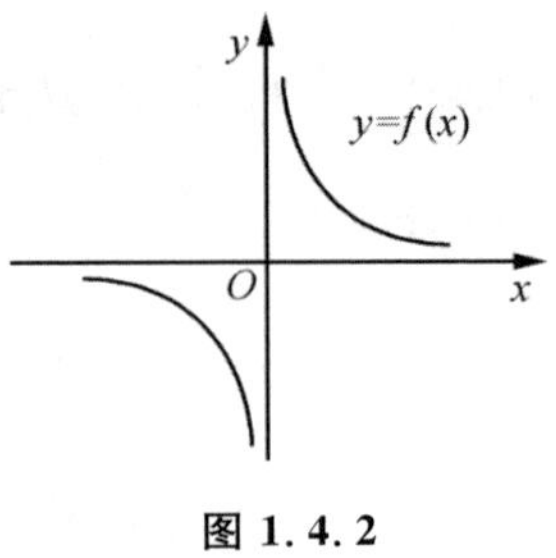

图 1.4.2

例如，当 $x\to\infty$ 时，因 $\frac{1}{x}$ 无限接近常数 0，从而函数 $y=1+\frac{1}{x}$ 将无限接近常数 1. 这时，称函数 $y=1+\frac{1}{x}$ 当 x 趋于无穷大时以 1 为极限，记作

$$\lim_{x\to\infty}\left(1+\frac{1}{x}\right)=1.$$

观察图 1.4.3，曲线 $y=1+\frac{1}{x}$ 有两个分支. 它的右侧分支沿着 x 轴的正向无限延伸，它的左侧分支沿着 x 轴的负向无限延伸，都与直线 $y=1$ 越来越接近，即曲线以直线 $y=1$ 为水平渐近线.

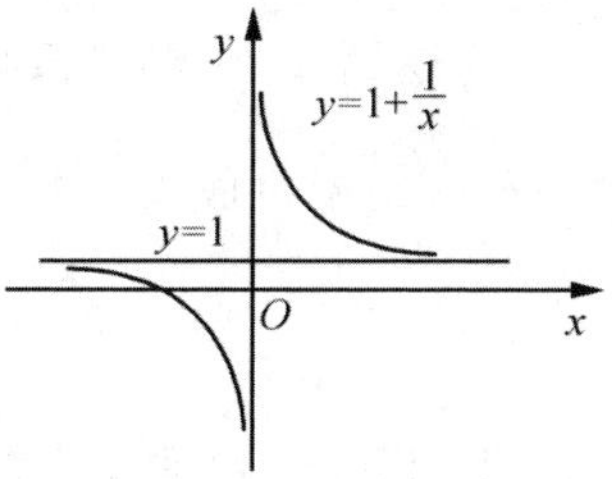

图 1.4.3

一般地，对曲线 $y=f(x)$，若

$$\lim_{x\to-\infty} f(x)=b \text{ 或 } \lim_{x\to+\infty} f(x)=b,$$

则直线 $y=b$ 是曲线 $y=f(x)$ 的**水平渐近线**.

有时，我们仅讨论 $x\to-\infty$ 或 $x\to+\infty$ 时（如引例 2），函数 $f(x)$ 的变化趋势.

若 $x\to-\infty$ 时，函数 $f(x)$ 趋于常数 A，则称函数 $f(x)$ 当 x 趋于负无穷大时以 A 为极限，记作

$$\lim_{x\to-\infty} f(x)=A \text{ 或 } f(x)\to A\ (x\to-\infty).$$

若 $x\to+\infty$ 时，函数 $f(x)$ 趋于常数 A，则称函数 $f(x)$ 当 x 趋于正无穷大时以 A 为极限，记作

$$\lim_{x\to+\infty} f(x)=A \text{ 或 } f(x)\to A\ (x\to+\infty).$$

极限 $\lim\limits_{x\to\infty} f(x)$ 存在且等于 A 的充要条件是极限 $\lim\limits_{x\to-\infty} f(x)$ 与 $\lim\limits_{x\to+\infty} f(x)$ 都存在且等于 A，即

$$\lim_{x\to\infty} f(x)=A \Leftrightarrow \lim_{x\to-\infty} f(x)=A=\lim_{x\to+\infty} f(x).$$

例 2 求 $\lim\limits_{x\to-\infty} e^x$，$\lim\limits_{x\to+\infty} e^x$，$\lim\limits_{x\to\infty} e^x$.

解 由图 1.4.4 易看出，$\lim\limits_{x\to-\infty} e^x=0$，$\lim\limits_{x\to+\infty} e^x=+\infty$. 由极限存在的充要条件知 $\lim\limits_{x\to\infty} e^x$ 不存在.

观察图 1.4.4，$\lim\limits_{x\to-\infty} e^x=0$ 表明，曲线 $y=e^x$ 沿着 x 轴的负向无限延伸时，以直线 $y=0$ 为水平渐近线.

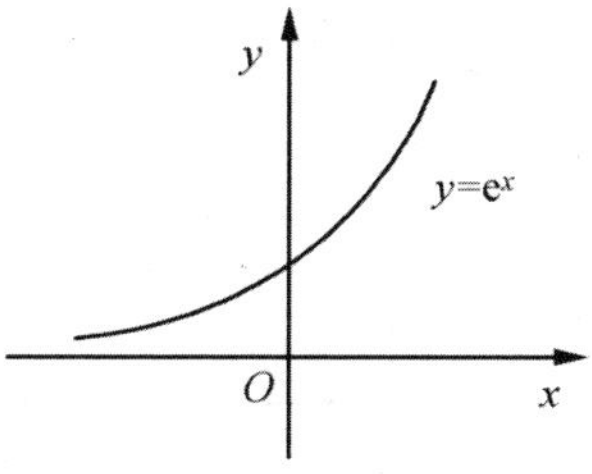

图 1.4.4

前述例 1 中数列极限 $\lim\limits_{n\to\infty}\left(1+\frac{1}{n}\right)^n=\mathrm{e}$ 中的“$n\to\infty$”改为“$x\to\infty$”结论也成立，即

$$\lim_{x\to\infty}\left(1+\frac{1}{x}\right)^x=\mathrm{e}.$$

2. 当 $x\to x_0$ 时，函数 $f(x)$ 的极限

这里，x_0 是一个定值. 若 $x<x_0$ 且 $x\to x_0$，记作 $x\to x_0^-$；若 $x>x_0$ 且 $x\to x_0$，记作 $x\to x_0^+$；若 $x\to x_0^-$ 和 $x\to x_0^+$ 同时发生，则记作 $x\to x_0$.

“当 $x\to x_0$ 时，函数 $f(x)$ 的极限”，就是在点 x_0 的左右邻近讨论当自变量 x 无限接近定数 x_0（但 x 不取 x_0）时，函数 $f(x)$ 的变化趋势. 根据我们已有的函数极限的概念，容易理解，若当 $x\to x_0$ 时，函数 $f(x)$ 的对应值趋于常数 A，则称当 $x\to x_0$ 时，函数 $f(x)$ 以 A 为极限.

例如，求 $f(x)=\frac{x^2-1}{x-1}$ 在 x 趋近 1 时的极限.

首先，在 $x=1$ 处有没有定义及有定义时其值是什么都与极限是否存在毫无关系. 其次，$x\to 1$ 是 x 无限接近 1，但 x 始终不取 1.

当 $x\neq 1$ 时，

$$f(x)=\frac{x^2-1}{x-1}=\frac{(x-1)(x+1)}{x-1}=x+1.$$

当 $x\to 1$ 时，相应的函数值的变化情况见表 1.4.2.

表 1.4.2　当 $x\to 1$ 时 $f(x)$ 的值

x	0	0.5	0.8	0.9	0.99	0.999	0.999 9	0.999 99	0.999 999	…
$f(x)$	1	1.5	1.8	1.9	1.99	1.999	1.999 9	1.999 99	1.999 999	…
x	2	1.5	1.2	1.1	1.01	1.001	1.000 1	1.000 01	1.000 001	…
$f(x)$	3	2.5	2.2	2.1	2.01	2.001	2.000 1	2.000 01	2.000 001	…

从表 1.4.2 中可以看出，当 $x<1$ 越来越接近 1 和 $x>1$ 越来越接近 1 时，相应的函数值越来越接近 2. 可以想到，当 x 无限接近 1 时，函数 $f(x)$ 相应的函数值无限接近 2.

由图 1.4.5 也可以观察到，对在 $x=1$ 处断开的直线 $y=\dfrac{x^2-1}{x-1}$ 上的动点 $M(x, f(x))$，当其横坐标无限接近 1 时，即 $x\to1$ 时，动点 M 将无限接近定点 $M(1,2)$，即 $f(x)\to2$.

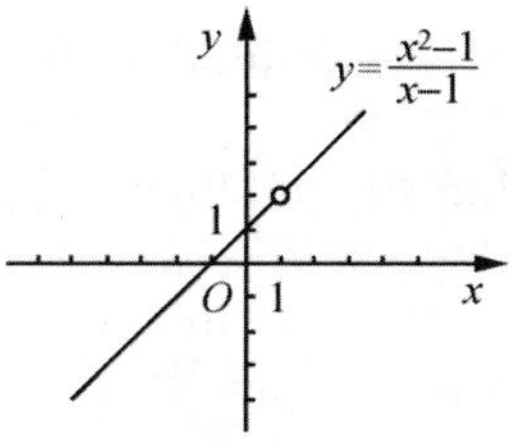

图 1.4.5

这种情况就称，当 $x\to1$ 时，函数 $f(x)=\dfrac{x^2-1}{x-1}$ 以 2 为极限，并记作

$$\lim_{x\to1}\frac{x^2-1}{x-1}=\lim_{x\to1}(x+1)=2.$$

设函数 $f(x)$ 在点 x_0 的左右邻近有定义（在点 x_0 处可以有定义，也可以没有定义），若当 $x\to x_0$（但 x 始终不等于 x_0）时，函数 $f(x)$ 趋于常数 A，则称函数 $f(x)$ 当 x 趋于 x_0 时以 A 为极限，记作

$$\lim_{x\to x_0}f(x)=A \text{ 或 } f(x)\to A\ (x\to x_0).$$

例如，由图 1.4.4 可看出：

$$\lim_{x\to0}e^x=1.$$

由极限定义可以推得下述两个结论：

$$\lim_{x\to x_0}x=x_0,\ \lim_{x\to x_0}C=C\ (C \text{ 是常数}).$$

有时，我们仅讨论当 $x\to x_0^-$ 或 $x\to x_0^+$ 时，函数 $f(x)$ 的极限.

若当 $x\to x_0^-$ 时，函数 $f(x)$ 趋于常数 A，则称函数 $f(x)$ 当 x 趋于 x_0 时以 A 为左极限，记作

$$\lim_{x\to x_0^-}f(x)=A \text{ 或 } f(x)\to A\ (x\to x_0^-).$$

若当 $x\to x_0^+$ 时，函数 $f(x)$ 趋于常数 A，则称函数 $f(x)$ 当 x 趋于 x_0 时以 A 为右极限，记作

$$\lim_{x\to x_0^+}f(x)=A \text{ 或 } f(x)\to A\ (x\to x_0^+).$$

依据 $x\to x_0^-$，$x\to x_0^+$ 及 $x\to x_0$ 的含义，函数 $f(x)$ 在点 x_0 处的左、右极限与在点 x_0 处的极限有如下关系：

极限$\lim\limits_{x \to x_0} f(x)$存在且等于 A 的充要条件是极限 $\lim\limits_{x \to x_0^-} f(x)$与$\lim\limits_{x \to x_0^+} f(x)$都存在且等于 A,即

$$\lim_{x \to x_0} f(x) = A \Leftrightarrow \lim_{x \to x_0^-} f(x) = A = \lim_{x \to x_0^+} f(x).$$

例 3 设函数 $f(x) = \frac{|x|}{x}$,试讨论极限 $\lim\limits_{x \to 0^-} f(x)$,$\lim\limits_{x \to 0^+} f(x)$和$\lim\limits_{x \to 0} f(x)$是否存在.

解 由图 1.4.6 可看出:

$$\lim_{x \to 0^-} f(x) = \lim_{x \to 0^-} \frac{-x}{x} = -1, \lim_{x \to 0^+} f(x) = \lim_{x \to 0^+} \frac{x}{x} = 1.$$

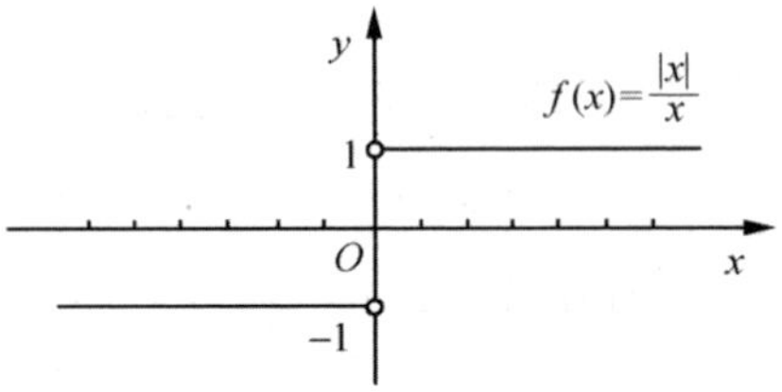

图 1.4.6

在 $x=0$ 处,函数 $f(x)$的左、右极限都存在,但不相等,故$\lim\limits_{x \to 0} f(x)$不存在.

例 4 考察当 $x \to 0^+$ 时,$y = \ln x$ 的极限是否存在.

解 由 $y = \ln x$ 的图象可以看出,当 $x \to 0^+$ 时,$y = \ln x$ 取负值,且其绝对值无限增大,即当 $x \to 0^+$ 时,$y = \ln x$ 的极限不存在.但由于当 $x \to 0^+$ 时,$\ln x$ 有确定的变化趋势,这时也称当 $x \to 0^+$ 时,$y = \ln x$ 的极限是负无穷大,并记作

$$\lim_{x \to 0^+} \ln x = -\infty.$$

上式的几何意义:曲线 $y = \ln x$ 在 $x=0$ 的右侧沿着 y 轴的负方向无限延伸时,与直线 $x=0$ 越来越接近.通常称直线 $x=0$ 是曲线 $y = \ln x$ 的铅垂渐近线(因直线 $x=0$ 垂直于 x 轴).

一般地,对曲线 $y = f(x)$,若 $\lim\limits_{x \to x_0^-} f(x) = \infty$或 $\lim\limits_{x \to x_0^+} f(x) = \infty$,则直线 $x = x_0$ 是曲线 $y = f(x)$的**铅垂渐近线**.

说明 我们引入了七种类型的极限,即

(1) $\lim\limits_{n\to\infty} y_n$；　(2) $\lim\limits_{x\to\infty} f(x)$；　(3) $\lim\limits_{x\to-\infty} f(x)$；

(4) $\lim\limits_{x\to+\infty} f(x)$；　(5) $\lim\limits_{x\to x_0} f(x)$；　(6) $\lim\limits_{x\to x_0^-} f(x)$；

(7) $\lim\limits_{x\to x_0^+} f(x)$.

为了统一论述它们共有的运算法则，本书若不特别指出是其中哪一种极限时，将用 $\lim f(x)$ 或 $\lim y$ 泛指其中任何一种.

1.4.3　无穷小与无穷大

没有任何问题可以像无穷那样深深地触动人的感情，很少有别的观念能像无穷那样激励理智产生富有成果的思想，然而也没有任何其他的概念能像无穷那样需要加以阐明.

——大卫·希尔伯特

对无穷小的认识问题，可以远溯到古希腊时期. 那时，阿基米德已用无限小量方法得到许多重要的数学结论，但他认为无限小量方法存在着不合理的地方. 直到 1821 年，柯西在他的《分析教程》中首次对无限小(这里所说的无穷小)这一概念给出了明确的回答. 而后续有关无穷小的理论就是在柯西的理论基础上发展起来的.

1. 无穷小量

若函数 $y=f(x)$ 在自变量 x 的某个变化过程中以零为极限，则称在该变化过程中，$f(x)$ 为**无穷小量**，简称**无穷小**，即

$$\lim f(x)=0.$$

例如，当 $x\to 0$ 时，$x^{\frac{1}{2}}$，$\sin x$，$\tan x$ 是无穷小量；当 $x\to 1$ 时，$x-1$是无穷小量；当 $x\to\infty$时，$\dfrac{1}{x^2}$，e^{-x^2} 是无穷小量.

在理解无穷小量概念时，应注意以下几点：

(1) 常用希腊字母 α，β，γ 等来表示无穷小量.

(2) 定义中所说的变化过程，包括在前面所定义的函数极限的六种形式.

(3) 无穷小量的定义对数列也适用.

(4) 无穷小量是以零为极限的变量，不要把一个很小的数误

认为是无穷小量，只有数 0 是唯一可以作为无穷小量的常数.

(5) 不能笼统地说某个函数是无穷小量，必须指出它的极限过程. 在某个变化过程中的无穷小量，在其他过程中不一定是无穷小量. 例如，当 $x\to1$ 时，$x-1$ 是无穷小量，而当 $x\to2$ 时，$x-1$ 就不是无穷小量.

(6) 有限个无穷小量的代数和仍然是无穷小量. 必须注意，无限多个无穷小量的代数和未必是无穷小量. 无穷小量与有界函数的乘积仍是无穷小量. 常数乘无穷小量仍是无穷小量.

(7) 无穷小量乘无穷小量仍是无穷小量.

例 5 求 $\lim\limits_{x\to0}x^2\sin\dfrac{1}{x}$.

解 因为 $\left|\sin\dfrac{1}{x}\right|\leqslant1$，所以 $\sin\dfrac{1}{x}$ 是有界函数. 又当 $x\to0$ 时，x^2 是无穷小量，即得 $\lim\limits_{x\to0}x^2\sin\dfrac{1}{x}=0$.

2. 无穷大量

设函数 $y=f(x)$ 在自变量 x 的某个变化过程中，相应的函数值的绝对值 $|f(x)|$ 无限增大，则称在该变化过程中，$f(x)$ 为**无穷大量**，简称**无穷大**，即 $\lim f(x)=\infty$.

需要说明的是，这里我们虽然使用了极限符号，但并不意味着 $f(x)$ 有极限. 因为根据极限定义，极限值必须是常数，而 ∞ 不是数，它仅表示一种状态，即 $f(x)$ 绝对值无限变大的一种状态. 例如，当 $x\to0$ 时，$\dfrac{1}{x}$ 是无穷大量；当 $x\to0^+$ 时，$\ln x$，$\cot x$ 是无穷大量；当 $x\to\infty$ 时，$x+1$，e^{x^2} 是无穷大量.

和无穷小量类似，在理解无穷大量的概念时，同样应注意：

(1) 定义中所说的变化过程，包括前面所定义的函数极限的六种形式.

(2) 关于无穷大量的定义，对数列也适用.

(3) 无穷大量是一个变化的量，一个不论多么大的数都不能作为无穷大量.

(4) 函数在变化过程中绝对值越来越大且可以无限增大时，才能称为无穷大量. 例如，当 $x\to+\infty$ 时，函数 $f(x)=x\cdot\sin x$ 是无穷大量.

(5) 当我们说某个函数是无穷大量时，必须同时指出它的极限过程. 例如，当 $x\to 0$ 时，$\frac{1}{x}$ 是无穷大量；当 $x\to\infty$ 时，$\frac{1}{x}$ 是无穷小量.

3. 无穷大量与无穷小量的关系

在自变量的变化过程中，无穷大量的倒数是无穷小量，恒不为零的无穷小量的倒数为无穷大量.

例 6 试指出下列函数，在自变量怎样的变化过程中是无穷小量，又在自变量怎样的变化过程中是无穷大量：

(1) $y=\frac{1}{x-1}$；　　(2) $y=4x+1$；

(3) $y=\ln x$.

解 (1) 因为 $\lim\limits_{x\to\infty}\frac{1}{x-1}=0$，所以当 $x\to\infty$ 时，$\frac{1}{x-1}$ 为无穷小量.

又因为 $\lim\limits_{x\to 1}(x-1)=0$，即 $x\to 1$ 时，$x-1$ 为无穷小量，所以当 $x\to 1$ 时，$\frac{1}{x-1}$ 为无穷大量.

(2) 因为 $\lim\limits_{x\to-\frac{1}{4}}(4x+1)=0$，所以当 $x\to-\frac{1}{4}$ 时，$4x+1$ 为无穷小量.

又因为 $\lim\limits_{x\to\infty}(4x+1)=\infty$，所以当 $x\to\infty$ 时，$4x+1$ 为无穷大量.

(3) 因为 $\lim\limits_{x\to 1}\ln x=0$，所以当 $x\to 1$ 时，$\ln x$ 为无穷小量.

又因为 $\lim\limits_{x\to 0^+}\ln x=-\infty$，$\lim\limits_{x\to+\infty}\ln x=+\infty$，所以当 $x\to 0^+$ 及 $x\to+\infty$ 时，$\ln x$ 都是无穷大量.

§1.5 极限的运算

利用极限的定义只能计算一些很简单的函数的极限，而实际问题中的函数却要复杂得多，下面将介绍极限的四则运算法则，并运用这些法则去求一些较复杂函数的极限问题.

1.5.1 极限的四则运算法则

若极限 $\lim f(x)$ 与 $\lim g(x)$ 都存在，则函数 $f(x)\pm g(x)$，$f(x)\cdot g(x)$ 的极限也存在，且

(1) $\lim[f(x)\pm g(x)]=\lim f(x)\pm\lim g(x)$；

(2) $\lim[f(x)\cdot g(x)]=\lim f(x)\cdot\lim g(x)$；

(3) $\lim\dfrac{f(x)}{g(x)}=\dfrac{\lim f(x)}{\lim g(x)}(\lim g(x)\neq 0)$.

上述运算法则中省略了自变量 x 的变化趋势. 不难将极限运算法则推广到有限多个函数的代数和及乘法的情况.

特别地，设 $\lim f(x)$ 存在，c 为常数，n 为正整数，则有

(1) $\lim[c\cdot f(x)]=c\cdot\lim f(x)$；

(2) $\lim[f(x)]^n=[\lim f(x)]^n$.

例 1 求 $\lim\limits_{x\to 1}(3x^2-2x+5)$.

解 $\lim\limits_{x\to 1}(3x^2-2x+5)=3\lim\limits_{x\to 1}x^2-2\lim\limits_{x\to 1}x+5=6$.

由本例的计算结果知，对多项式

$$P_n(x)=a_0x^n+a_1x^{n-1}+a_2x^{n-2}+\cdots+a_{n-1}x+a_n(a_0\neq 0),$$

有

$$\begin{aligned}\lim_{x\to x_0}P_n(x)&=a_0x_0^n+a_1x_0^{n-1}+a_2x_0^{n-2}+\cdots+a_{n-1}x_0+a_n\\&=P_n(x_0).\end{aligned}$$

例 2 求$\lim\limits_{x\to 0}\dfrac{2x^2-3x+1}{x-2}$.

解 因为$\lim\limits_{x\to 0}(x-2)=-2\neq 0$,所以

$$\lim_{x\to 0}\frac{2x^2-3x+1}{x-2}=\frac{\lim\limits_{x\to 0}(2x^2-3x+1)}{\lim\limits_{x\to 0}(x-2)}=-\frac{1}{2}.$$

例 3 求$\lim\limits_{x\to 1}\dfrac{4x-2}{x^2-3x+2}$.

解 因为$\lim\limits_{x\to 1}(x^2-3x+2)=0$,而$\lim\limits_{x\to 1}(4x-2)=2$,故$\lim\limits_{x\to 1}\dfrac{x^2-3x+2}{4x-2}=0$,即$\dfrac{x^2-3x+2}{4x-2}$是$x\to 1$时的无穷小量.由无穷小量与无穷大量的倒数关系,可得$\lim\limits_{x\to 1}\dfrac{4x-2}{x^2-3x+2}=\infty$.

例 4 求$\lim\limits_{x\to 1}\dfrac{x^2-1}{2x^2-x-1}$.

解
$$\lim_{x\to 1}\frac{x^2-1}{2x^2-x-1}=\lim_{x\to 1}\frac{(x+1)(x-1)}{(2x+1)(x-1)}=\lim_{x\to 1}\frac{x+1}{2x+1}$$
$$=\frac{\lim\limits_{x\to 1}(x+1)}{\lim\limits_{x\to 1}(2x+1)}=\frac{2}{3}.$$

综上讨论,求有理函数(即两个多项式之商)当$x\to x_0$时的极限,应先求分母的极限.如果分母的极限不为零,直接利用商的极限法便可.如果分母的极限为零,再观察分子的极限;如果分子的极限不为零时,利用求原有理函数倒数的极限,再利用无穷小量与无穷大量的倒数关系,便可求得;当分子的极限也为零时,再看分子、分母有无公因式,约去使得分子、分母为零的因式后,利用商的极限法则便可求得.

例 5 求$\lim\limits_{x\to\infty}\dfrac{2x^2+x-4}{5x^2+6}$.

解
$$\lim_{x\to\infty}\frac{2x^2+x-4}{5x^2+6}=\lim_{x\to\infty}\frac{2+\dfrac{1}{x}-\dfrac{4}{x^2}}{5+\dfrac{6}{x^2}}=\frac{2}{5}.$$

一般地,当$x\to\infty$时,有理分式($a_0\neq 0,b_0\neq 0$)的极限有以下结果:

$$\lim_{x\to\infty}\frac{a_0x^n+a_1x^{n-1}+\cdots+a_n}{b_0x^m+b_1x^{m-1}+\cdots+b_m}=\begin{cases}0, & m>n,\\ \dfrac{a_0}{b_0}, & m=n,\\ \infty, & m<n.\end{cases}$$

例 6 求下列函数的极限：

(1) $\lim\limits_{x\to-1}\left(\dfrac{1}{x+1}-\dfrac{3}{x^3+1}\right)$；　　(2) $\lim\limits_{x\to 0}\dfrac{\sqrt{9+x}-3}{x}$.

解 (1) 当 $x+1\neq 0$ 时，有

$$\frac{1}{x+1}-\frac{3}{x^3+1}=\frac{(x+1)(x-2)}{x^3+1}=\frac{x-2}{x^2-x+1},$$

故所求极限

$$\lim_{x\to-1}\left(\frac{1}{x+1}-\frac{3}{x^3+1}\right)=\lim_{x\to-1}\frac{x-2}{x^2-x+1}=\frac{-1-2}{(-1)^2-(-1)+1}=-1.$$

(2) $$\lim_{x\to 0}\frac{\sqrt{9+x}-3}{x}=\lim_{x\to 0}\frac{(\sqrt{9+x}-3)(\sqrt{9+x}+3)}{x(\sqrt{9+x}+3)}=\lim_{x\to 0}\frac{x}{x(\sqrt{9+x}+3)}=\lim_{x\to 0}\frac{1}{\sqrt{9+x}+3}=\frac{1}{6}.$$

小结：(1) 运用极限法则时，必须注意只有各项极限存在(对商，还要求分母极限不为零)才能适用；

(2) 如果所求极限呈现“$\frac{0}{0}$”“$\frac{\infty}{\infty}$”等形式，则不能直接用极限法则，必须先对原式进行恒等变形(约分、通分、有理化、变量代换等)，然后再求极限；

(3) 利用无穷小量的运算性质求极限.

1.5.2 两个重要极限

在极限的计算中，常常要用到重要极限 $\lim\limits_{x\to 0}\dfrac{\sin x}{x}$ 和 $\lim\limits_{x\to\infty}\left(1+\dfrac{1}{x}\right)^x$，下面分别介绍其极限值.

(1) $\lim\limits_{x\to 0}\dfrac{\sin x}{x}=1$.

关于该极限,我们不作理论推导,只要求会利用它进行极限的计算.

例 7 求$\lim\limits_{x\to 0}\dfrac{\sin kx}{x}(k\neq 0)$.

解 $\lim\limits_{x\to 0}\dfrac{\sin kx}{x}=\lim\limits_{x\to 0}\left(\dfrac{\sin kx}{kx}\cdot k\right)\xlongequal{\text{令 }u=kx}k\cdot\lim\limits_{u\to 0}\dfrac{\sin u}{u}=k$.

例 8 求$\lim\limits_{x\to 0}\dfrac{\sin ax}{\sin bx}(a\neq 0,b\neq 0)$.

解 $\lim\limits_{x\to 0}\dfrac{\sin ax}{\sin bx}=\lim\limits_{x\to 0}\dfrac{\dfrac{\sin ax}{x}}{\dfrac{\sin bx}{x}}=\dfrac{\lim\limits_{x\to 0}\dfrac{\sin ax}{x}}{\lim\limits_{x\to 0}\dfrac{\sin bx}{x}}=\dfrac{a}{b}$.

例 9 求$\lim\limits_{x\to 0}\dfrac{1-\cos x}{x^2}$.

解 $\lim\limits_{x\to 0}\dfrac{1-\cos x}{x^2}=\lim\limits_{x\to 0}\dfrac{2\sin^2\dfrac{x}{2}}{x^2}=\dfrac{1}{2}\left(\lim\limits_{x\to 0}\dfrac{\sin\dfrac{x}{2}}{\dfrac{x}{2}}\right)^2=\dfrac{1}{2}$.

(2) $\lim\limits_{x\to\infty}\left(1+\dfrac{1}{x}\right)^x=\mathrm{e}$.

如果令$\dfrac{1}{x}=\alpha$,当$x\to\infty$时,$\alpha\to 0$,公式还可以写成

$$\lim_{\alpha\to 0}(1+\alpha)^{\frac{1}{\alpha}}=\mathrm{e}.$$

同样,对这个公式,我们也不作理论推导,只要求会用它进行极限的计算.

例 10 求$\lim\limits_{x\to\infty}\left(1+\dfrac{4}{x}\right)^x$.

解 $\lim\limits_{x\to\infty}\left(1+\dfrac{4}{x}\right)^x\xlongequal{\text{令 }\frac{4}{x}=\alpha}\lim\limits_{\alpha\to 0}(1+\alpha)^{\frac{4}{\alpha}}$

$=\lim\limits_{\alpha\to 0}\left[(1+\alpha)^{\frac{1}{\alpha}}\right]^4=\mathrm{e}^4$.

例 11 求$\lim\limits_{x\to\infty}\left(1+\dfrac{1}{4x}\right)^{2x-3}$.

解 $\lim\limits_{x\to\infty}\left(1+\dfrac{1}{4x}\right)^{2x-3}\xlongequal{\text{令}\frac{1}{4x}=\alpha}\lim\limits_{\alpha\to 0}(1+\alpha)^{\frac{1}{2\alpha}-3}$

$$=\lim_{\alpha\to 0}\frac{\left[(1+\alpha)^{\frac{1}{\alpha}}\right]^{\frac{1}{2}}}{(1+\alpha)^{3}}=\frac{\lim\limits_{\alpha\to 0}\left[(1+\alpha)^{\frac{1}{\alpha}}\right]^{\frac{1}{2}}}{\lim\limits_{\alpha\to 0}(1+\alpha)^{3}}$$

$$=e^{\frac{1}{2}}.$$

一般地,可以有下面的结论:$\lim\limits_{x\to\infty}\left(1+\dfrac{a}{x}\right)^{bx+c}=e^{ab}$.

1.5.3 银行复利与贴现问题

作为数列极限和函数极限概念的应用,这里介绍复利与贴现问题.

1. 复利公式

所谓复利计息,就是将每期利息于每期之末加入该期本金,并以此作为新本金再计算下期利息.说得通俗些,就是利滚利.

引例 3 现有 10 000 元进行投资,有两种投资方案:一种是一年支付一次红利,年利率是 12%;另一种是一年分 12 个月按复利支付红利,月利率是 1%.哪一种投资方案合算?

分析 该引例的答案是:第二种投资方案合算.因为在这一年中,投资者不仅可用本金获取利息,而且可用利息赚取利息.

下面我们可以通过具体计算来说明.

(1) 按离散情况计算利息的复利公式.

现有本金 A_0,以年利率 r 贷出,若以复利计息,第 t 年年末 A_0 将增值到 A_t,试计算 A_t.

若以一年为 1 期计算利息,第 1 年年末的本利和为

$$A_1=A_0(1+r).$$

第 2 年年末的本利和为

$$A_2=A_1(1+r)=A_0(1+r)(1+r)=A_0(1+r)^2. \tag{1.1}$$

依此类推,第 t 年年末的本利和为

$$A_t=A_0(1+r)^t. \tag{1.2}$$

这是一年计息1期，第 t 年年末的本利和 A_t 的**复利公式**.

若仍以年利率为 r 贷出，一年不是计息1期，而是一年均匀计息 n 期，且以 $\frac{r}{n}$ 为每期的利息来计算. 在这种情况下，易推得第 t 年年末的本利和为

$$A_t=A_0\left(1+\frac{r}{n}\right)^{nt}. \tag{1.3}$$

这是一年均匀计息 n 期，第 t 年年末的本利和 A_t 的**复利公式**.

上述计息的“期”是确定的时间间隔，因而一年计息次数有限，可认为是按离散情况计算第 t 年年末本利和 A_t 的复利公式.

(2) 以连续复利计算利息的复利公式.

若计息的“期”的时间间隔无限缩短，从而计息次数 $n\to\infty$，这种情况称为连续复利. 这时，由于

$$\lim_{n\to\infty}A_0\left(1+\frac{r}{n}\right)^{nt}=A_0\lim_{n\to\infty}\left[\left(1+\frac{r}{n}\right)^{\frac{n}{r}}\right]^{rt}=A_0\mathrm{e}^{rt},$$

所以，若以连续复利计算利息，第 t 年年末的本利和 A_t 的复利公式为

$$A_t=A_0\mathrm{e}^{rt}. \tag{1.4}$$

在上述公式中，现有本金 A_0 称为**现在值**，第 t 年年末的本利和 A_t 称为**未来值**. 已知现在值 A_0，确定未来值 A_t 是**复利问题**.

解 若引例3中 $A_0=10\ 000$ 元，年利率 $r=12\%$，一年计息1期，则第1年年末的本利和

$$A_1=10\ 000(1+12\%)=11\ 200(\text{元}).$$

一年计息12期，$n=12$，且以 1% 为每期的利息来计算. 由公式(1.3)得第1年年末的本利和为

$$\begin{aligned}A_1&=10\ 000(1+1\%)^{12\times1}\approx10\ 000\times1.126\ 825\\&=11\ 268.25(\text{元}).\end{aligned}$$

所以，一年分12个月按复利支付红利的投资方案更合算，能多得68.25元.

假设一年计息24期，$n=24$，且以 $\frac{12}{24}\times1\%=0.5\%$ 为每期的

利息来计算.由公式(1.3)得,第 1 年年末的本利和为

$$A_1 = 10\ 000(1+0.5\%)^{24\times 1} \approx 10\ 000\times 1.127\ 160 = 11\ 271.60(\text{元}).$$

若按连续复利支付红利,由公式(1.4)得,第 1 年年末的本利和为

$$A_1 = 10\ 000\mathrm{e}^{0.12\times 1} \approx 11\ 274.97(\text{元}).$$

由上述计算可知,年利率相同,而一年计息期数不同,一年所得的利息也不同.例如,一年计息 1 期,是按 12%计息;一年计息 12 期,实际所得利息约是按 12.682 5%计算;一年计息 24 期,实际所得利息约是按 12.716 0%计算;若按连续复利计算,实际所得利息约是按 12.749 7%计算.

例 12 某医院 2000 年 5 月 20 日从美国进口一台彩色超声波诊断仪,贷款 20 万美元,以复利计息,年利率是 4%,2009 年 5 月 20 日到期一次还本付息,试确定在以下两种情况下贷款到期时的还款总额.

(1) 一年计息 2 期; (2) 按连续复利计息.

解 (1) $A_0 = 20, r = 0.04, n = 2, t = 9$. 由公式(1.3),2009 年 5 月 20 日到期一次还本付息的还款总额为

$$A_9 = 20\left(1+\frac{0.04}{2}\right)^{2\times 9} \approx 20\times 1.428\ 246 = 28.564\ 9(\text{万美元}).$$

(2) $A_0 = 20, r = 0.04, t = 9$. 由连续复利公式(1.4),2009 年 5 月 20 日到期一次还本付息的还款总额为

$$A_9 = 20\mathrm{e}^{0.04\times 9} \approx 20\times 1.433\ 329 = 28.666\ 58(\text{万美元}).$$

2. 贴现公式

引例 4 设年利率为 6%,现投资多少元,在下面两种情况下第 10 年年末可得 120 000 元?

(1) 按离散情况计息,每年计息 4 期; (2) 按连续复利计算.

分析(贴现问题) 已知现在值 A_0,确定未来值 A_t,这是复利问题.与之相反的问题则是已知未来值 A_t,求现在值 A_0,这种情

况称为**贴现问题**，这时，利率 r 称为**贴现率**.

由复利公式易推得，若以一年为 1 期贴现，**贴现公式**为

$$A_0=A_t(1+r)^{-t}. \tag{1.5}$$

若一年均分 n 期贴现，由复利公式(1.3)可得，**贴现公式**为

$$A_0=A_t\left(1+\frac{r}{n}\right)^{-nt}. \tag{1.6}$$

上述公式是**按离散情况计算的贴现公式**.

由连续复利公式(1.4)可得**连续贴现公式**为

$$A_0=A_t\mathrm{e}^{-rt}. \tag{1.7}$$

解　(1) 其中 $A_t=120\ 000, n=4, r=0.06, t=10$. 由公式(1.6)，得

$$A_0=120\ 000\left(1+\frac{0.06}{4}\right)^{-4\times10}=\frac{120\ 000}{(1+0.015)^{4\times10}}$$

$$\approx\frac{120\ 000}{1.814\ 02}\approx66\ 151.4(\text{元}).$$

(2) 其中 $A_t=120\ 000, r=0.06, t=10$，于是由公式(1.7)得

$$A_0=120\ 000\mathrm{e}^{-0.06\times10}=\frac{120\ 000}{\mathrm{e}^{0.06\times10}}\approx\frac{120\ 000}{1.822\ 12}$$

$$\approx65\ 857.4(\text{元}).$$

§1.6　函数的连续性

客观世界的许多现象都是连续变化的，所谓连续就是不间断. 例如，物体运动时，路程是随时间连续增加的；气温是随时间不间断地上升或下降的. 若从函数的观点看，路程是时间的函数，气温是时间的函数，当时间(自变量)变化很微小时，路程、气温(函数)相应地变化也很微小. 在数学上，这就是连续函数，即把函数值随自变量连续变化的函数称为连续函数，它反映了变量逐渐

变化的过程.连续函数在微积分学中有重要的地位.

1.6.1 函数增量的概念

首先引入函数增量的概念.

设函数 $y=f(x)$ 在点 x_0 的附近有定义，给自变量 x 在 x_0 处一个增量 Δx，当自变量 x 变到 $x_0+\Delta x$ 时，相应的函数 y 由 $f(x_0)$ 变到 $f(x_0+\Delta x)$，因此函数相应的增量为

$$\Delta y=f(x_0+\Delta x)-f(x_0).$$

其几何意义如图 1.6.1 和图 1.6.2 所示.

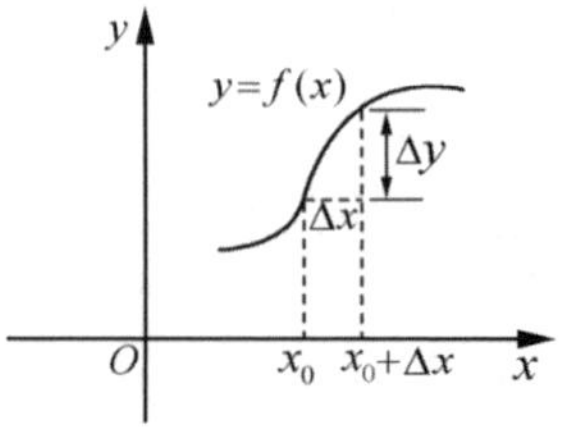

图 1.6.1

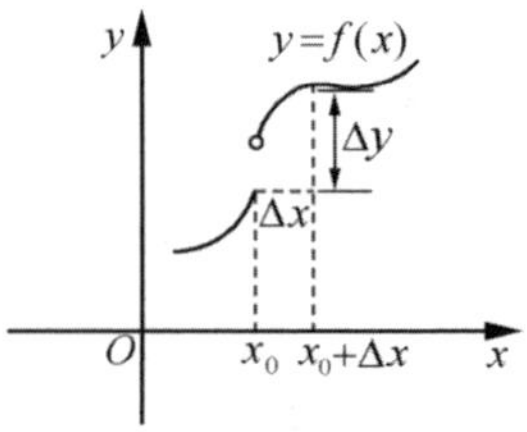

图 1.6.2

1.6.2 函数的连续性的概念

函数连续性的概念

函数 $f(x)$ 在点 x_0 处连续，表现在图形上是曲线 $y=f(x)$ 在 $x=x_0$ 邻近是不间断的，如图 1.6.1 所示；而图 1.6.2 所示的曲线则明显不同，可以看到，曲线在点 x_0 是断开的.对比两组图形，我们发现：在图 1.6.1 所示的图形中，当自变量 x 的改变量 Δx 趋向于零时，函数的相应改变量 Δy 的绝对值可以无限变小；在图 1.6.2 中，当 $\Delta x>0$（即 x 在点 x_0 右侧）时，函数值有一个突然的变化，显然当 Δx 趋向于零时，Δy 的绝对值不能无限变小，于是我们可以用增量来定义函数在某一点处的连续性.

设函数 $y=f(x)$ 在点 x_0 的附近有定义，如果当自变量的增量 $\Delta x=x-x_0$ 趋于零时，对应的函数的增量也趋于零，即

$$\lim_{\Delta x\to 0}\Delta y=\lim_{\Delta x\to 0}[f(x_0+\Delta x)-f(x_0)]=0,$$

则称函数 $y=f(x)$ **在点** x_0 **处连续**.

在上式中，如果令 $x=x_0+\Delta x$，则当 $\Delta x\to 0$ 时，即 $x\to x_0$，于

是$\lim\limits_{\Delta x\to 0}\Delta y=0$可以改写为$\lim\limits_{x\to x_0}[f(x)-f(x_0)]=0$，即$\lim\limits_{x\to x_0}f(x)=f(x_0)$，因此，函数在点$x_0$处连续也可定义如下：

设函数$y=f(x)$在点x_0的附近有定义，如果有

$$\lim_{x\to x_0}f(x)=f(x_0),$$

则称函数$y=f(x)$在点x_0处连续.

若函数$y=f(x)$在点x_0处有

$$\lim_{x\to x_0^-}f(x)=f(x_0)\text{或}\lim_{x\to x_0^+}f(x)=f(x_0),$$

则分别称函数$y=f(x)$在点x_0处**左连续**或**右连续**.

可见，函数$y=f(x)$在点x_0处连续的**充要条件**是函数在点x_0处左连续且右连续.

函数在某点连续含有三层意思：函数在该点的附近有定义、极限存在且极限值等于该点处的函数值.

例 1 试确定$f(x)=\begin{cases}x\sin\dfrac{1}{x}, & x\neq 0,\\ 0, & x=0\end{cases}$在$x=0$处的连续性.

解 因为$\lim\limits_{x\to 0}f(x)=\lim\limits_{x\to 0}x\cdot\sin\dfrac{1}{x}=0=f(0)$，所以$f(x)$在$x=0$处连续.

1.6.3 函数的间断点及其分类

函数间断点的定义

设函数$f(x)$在点x_0的附近（x_0可除外）有定义，如果函数$f(x)$有下列三种情形之一：

(1) 在$x=x_0$处没有定义；

(2) 虽在$x=x_0$处有定义，但$\lim\limits_{x\to x_0}f(x)$不存在；

(3) 虽在$x=x_0$处有定义，且$\lim\limits_{x\to x_0}f(x)$存在，但$\lim\limits_{x\to x_0}f(x)\neq f(x_0)$.

则函数$f(x)$在点x_0处不连续，且点x_0称为函数$f(x)$的**不连续点或间断点**.

通常把间断点分成两类：如果x_0是函数$f(x)$的间断点，但在

点 x_0 处左极限及右极限都存在，那么 x_0 称为函数 $f(x)$ 的第一类间断点. 不是第一类间断点的任何间断点都称为第二类间断点. 在第一类间断点中，左、右极限相等者称为可去间断点，不相等者称为跳跃间断点；无穷间断点和振荡间断点属于第二间断点.

例 2 设函数 $f(x)=\begin{cases} x-1, & x<0, \\ 0, & x=0, \\ x+1, & x>0, \end{cases}$ 讨论 $f(x)$ 在 $x=0$ 处的连续性.

解 由于 $\lim\limits_{x\to 0^-} f(x)=\lim\limits_{x\to 0^-}(x-1)=-1$，$\lim\limits_{x\to 0^+} f(x)=\lim\limits_{x\to 0^+}(x+1)=1$，即左极限 $\lim\limits_{x\to 0^-} f(x)$ 与右极限 $\lim\limits_{x\to 0^+} f(x)$ 虽都存在，但不相等，所以极限 $\lim\limits_{x\to 0} f(x)$ 不存在，故 $x=0$ 是函数 $f(x)$ 的间断点（图 1.6.3）.

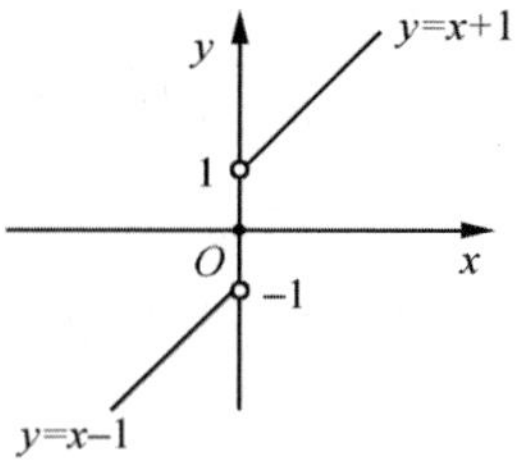

图 1.6.3

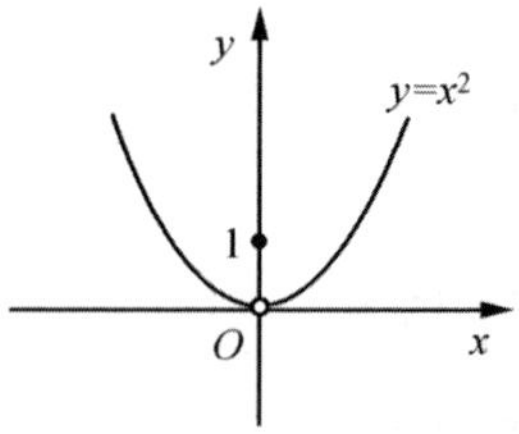

图 1.6.4

例 3 设函数 $f(x)=\begin{cases} x^2, & x\neq 0, \\ 1, & x=0, \end{cases}$ 讨论 $f(x)$ 在 $x=0$ 处的连续性.

解 由于 $f(0)=1$，$\lim\limits_{x\to 0} f(x)=\lim\limits_{x\to 0} x^2=0$，即 $\lim\limits_{x\to 0} f(x)\neq f(0)$，故 $x=0$ 是函数 $f(x)$ 的间断点（图 1.6.4）.

例 4 讨论函数 $f(x)=\begin{cases} \dfrac{1}{x}, & x>0 \\ x, & x\leqslant 0 \end{cases}$ 在 $x=0$ 处的连续性.

解 由于 $f(0)=1$，$\lim\limits_{x\to 0^+} f(x)=\lim\limits_{x\to 0}\dfrac{1}{x}=\infty$. 故 $x=0$ 是函数 $f(x)$ 的无穷间断点.

例 5 讨论函数 $f(x)=\sin\dfrac{1}{x}$ 在 $x=0$ 处的连续性.

解 当 $x=\dfrac{1}{2k\pi}$，$k\in\mathbf{Z}$ 时，$f(x)=\sin\dfrac{1}{x}=0$；当 $x=\dfrac{1}{2k\pi+\frac{\pi}{2}}$，$k\in\mathbf{Z}$ 时，$f(x)=\sin\dfrac{1}{x}=1$；所以当 $x\to0$ 时，函数在 -1 和 1 之间来回震荡(图 1.6.5).

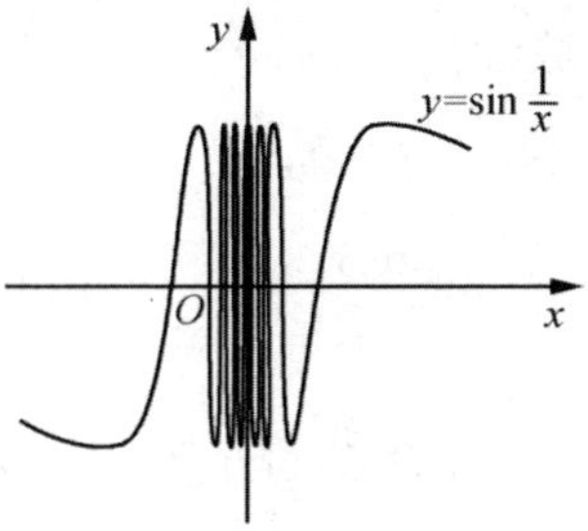

图 1.6.5

1.6.4 初等函数的连续性

若函数 $y=f(x)$ 在开区间 I 内的各点处均连续，则称该**函数在开区间 I 内连续**；若函数 $y=f(x)$ 在左端点 a 处右连续，在右端点 b 处左连续，在 (a,b) 内连续，则称该**函数在闭区间 $[a,b]$ 上连续**.

基本初等函数在其定义域内是连续的.

连续函数经过有限次的四则运算和复合之后，得到的函数仍然是连续的.

一切初等函数在其定义区间内都是连续的.

因此，求初等函数在定义区间内各点的极限时，只要计算它在指定点的函数值即可.

例 6 求 $\lim\limits_{x\to\frac{\pi}{12}}\ln(\sqrt{2}\sin 3x)$.

解 因为 $\ln(\sqrt{2}\sin 3x)$ 是初等函数，且 $x=\dfrac{\pi}{12}$ 是其定义区间内的一点，所以

$$\lim_{x\to\frac{\pi}{12}}\ln(\sqrt{2}\sin 3x)=\ln\left[\sqrt{2}\sin\left(3\cdot\frac{\pi}{12}\right)\right]=\ln\left(\sqrt{2}\cdot\frac{\sqrt{2}}{2}\right)=\ln 1=0.$$

例 7 求极限 $\lim\limits_{x\to0}\dfrac{\ln(1+x)}{x}$.

解 因为

$$\frac{\ln(1+x)}{x}=\ln(1+x)^{\frac{1}{x}}$$

是由 $y=\ln u, u=(1+x)^{\frac{1}{x}}$ 复合而成的，而 $\lim\limits_{x\to 0}(1+x)^{\frac{1}{x}}=\mathrm{e}$，在 $u=\mathrm{e}$ 点 $\ln u$ 连续，故

$$\lim_{x\to 0}\frac{\ln(1+x)}{x}=\lim_{x\to 0}\ln(1+x)^{\frac{1}{x}}=\ln\left[\lim_{x\to 0}(1+x)^{\frac{1}{x}}\right]=\ln \mathrm{e}=1.$$

1.6.5 闭区间上连续函数的性质

在闭区间上连续的函数具有重要的特性，下面我们将不加证明地予以介绍.

若函数 $f(x)$ 在闭区间 $[a,b]$ 上连续，则 $f(x)$ 在 $[a,b]$ 上有最大值与最小值.

例如，在图 1.6.6 中，$f(x)$ 在闭区间 $[a,b]$ 上连续，在点 x_1 处取得最大值 M，在点 x_2 处取得最小值 m.

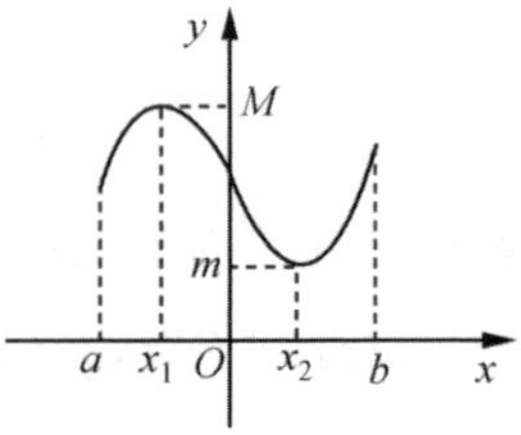

图 1.6.6

若函数 $f(x)$ 在闭区间 $[a,b]$ 上连续，则 $f(x)$ 在 $[a,b]$ 上有界.

本章内容精要

1. 函数的概念

(1) 构成函数的两个要素：定义域、对应法则.

(2) 两个函数相等的充要条件：定义域相同，对应法则相同.

2. 初等函数

(1) 基本初等函数包括常量函数、幂函数、指数函数、对数函数、三角函数、反三角函数六类.

（2）初等函数：由基本初等函数经过有限次四则运算与复合所构成的函数.

3. 常见的经济函数

（1）需求函数与供给函数，均衡价格，供求平衡.

（2）总成本函数、收入函数与利润函数.

4. 函数的极限

（1）极限的概念. 函数 $f(x)$ 的极限是研究自变量 x 在某一变化过程中相应函数值 $f(x)$ 的变化趋势. 若相应的函数值能够与某常数 A 无限接近，则称 A 为该函数在自变量的这种变化趋势下的极限.

（2）函数极限与单侧极限的关系.

① $\lim\limits_{x\to\infty}f(x)=A\Leftrightarrow\lim\limits_{x\to-\infty}f(x)=A=\lim\limits_{x\to+\infty}f(x)$.

② $\lim\limits_{x\to x_0}f(x)=A\Leftrightarrow\lim\limits_{x\to x_0^-}f(x)=A=\lim\limits_{x\to x_0^+}f(x)$.

（3）无穷小与无穷大.

① 无穷小与无穷大的概念及其性质.

② 无穷小与无穷大的关系.

5. 极限的运算

（1）极限的运算法则，要注意极限四则运算法则使用的前提条件.

（2）两个重要极限.

（3）$\frac{0}{0}$与$\frac{\infty}{\infty}$型的计算.

（4）银行复利与贴现问题.

① 已知现在值 A_0，确定未来值 A_t 是复利问题.

年利率为 r，一年均匀计息 n 期，第 t 年年末的本利和 A_t 的复利公式为

$$A_t=A_0\left(1+\frac{r}{n}\right)^{nt}.$$

年利率为 r，以连续复利计算利息，第 t 年年末的本利和 A_t

的复利公式为

$$A_t = A_0 e^{rt}.$$

② 已知未来值 A_t，确定现在值 A_0 是贴现问题.

年利率为 r，一年均分 n 期贴现，贴现公式为

$$A_0 = A_t \left(1+\frac{r}{n}\right)^{-nt}.$$

年利率为 r，以连续复利计算利息，贴现公式为

$$A_0 = A_t e^{-rt}.$$

6. 函数的连续性

(1) 函数在一点连续的定义.

函数 $f(x)$ 在点 x_0 处连续，即 $\lim\limits_{x \to x_0} f(x) = f(x_0)$，是指 $f(x)$ 满足下述三个条件：

① 在点 x_0 及其左、右邻近有定义.

② 极限 $\lim\limits_{x \to x_0} f(x)$ 存在.

③ 极限 $\lim\limits_{x \to x_0} f(x)$ 的值等于该点的函数值 $f(x_0)$.

(2) 函数 $f(x)$ 在点 x_0 处连续与左、右连续的关系.

$$\lim_{x \to x_0} f(x) = f(x_0) \Leftrightarrow \lim_{x \to x_0^-} f(x) = f(x_0) = \lim_{x \to x_0^+} f(x).$$

(3) 一切初等函数在其定义区间内都是连续的.

习题1

1. 求下列函数的定义域：

(1) $y=\sqrt{3-x^2}$；

(2) $y=\arcsin(3x-2)$；

(3) $y=\dfrac{1}{\sqrt{x^2-x-6}}+\lg(3x-8)$；

(4) $y=\begin{cases}\sin x, & 0\leqslant x<\dfrac{\pi}{2}, \\ x, & \dfrac{\pi}{2}\leqslant x<\pi.\end{cases}$

2. 设 $\varphi(x)=\begin{cases}2^x, & -1<x<0, \\ 2, & 0\leqslant x<1, \\ x-1, & 1\leqslant x\leqslant 3,\end{cases}$ 求 $\varphi(3),\varphi(2),\varphi(0),\varphi(0.5),\varphi(-0.5)$.

3. 写出由下列函数组成的复合函数：

（1）$y=\arcsin u, u=1-x^2$；

（2）$y=u^2, u=\tan x$；

（3）$y=\sqrt{u}, u=\sin v, v=2x$.

4. 下列函数由哪些简单函数复合而成？

（1）$y=\sqrt{1-x}$；

（2）$y=\arccos\sqrt{x^2-1}$；

(3) $y=5(x+2)^2$；

(4) $y=\sin^2\left(3x+\frac{\pi}{4}\right)$；

(5) $y=\sin(x^3+4)$；

(6) $y=5^{\cot\frac{1}{x}}$；

(7) $y=\lg\sin x^3$；

(8) $y=e^{\sqrt{1+\sin x}}$；

(9) $y=\arccos(\sqrt{\ln(x^2-1)})$.

5. 按照银行规定，某种外币一年期存款的年利率为 4.2%，半年期存款的年利率为 4.0%，每笔存款到期后，银行自动将其转存为同样期限的存款. 设将总数为 A 单位货币的该种外币存入银行，两年后取出，问存何种期限的存款能有较多的收入，多多少？

6. 某型号手机价格为每部 1 000 元时能卖出 15 部，当价格为每部 800 元时，能卖出 20 部. 已知手机的价格高低与其需求量多少是线性关系，试建立该型号手机的需求量与价格之间的函数关系.

7. 设某商品的需求函数与供给函数分别为 $q(p)=\frac{5\ 600}{p}$ 和 $s(p)=p-10$.

(1) 找出均衡价格，并求此时的供给量与需求量；

(2) 在同一坐标中画出供给与需求曲线；

(3) 何时供给曲线过 p 轴，这一点的经济意义是什么？

8. 工厂生产某种产品，生产准备费 1 000 元，可变成本为每件 4 元，单位售价8 元. 求：

(1) 总成本函数；

(2) 单位成本函数；

(3) 销售收入函数；

(4) 利润函数.

9. 某工厂生产某种产品，年产量为 x 台，每台售价 250 元. 当年产量在 600 台以内时，可以全部售出；当年产量超过 600 台时，经广告宣传又可再多售出 200 台，每台平均广告费 20 元；生产再多，本年就售不出去了. 建立本年的销售总收入 R 与年产量 x 的函数关系.

10. 某厂生产的掌上游戏机(简称"掌机")每台可卖110元,固定成本为7 500元,可变成本为每台60元.

(1) 要卖多少台掌机,厂家才可保本(收回投资)?

(2) 若卖掉100台,则厂家盈利或亏损了多少?

(3) 要获得1 250元利润,需要卖多少台?

11. 设函数 $f(x)=\begin{cases} x^2, & x<0, \\ x+1, & x\geqslant 0. \end{cases}$

(1) 画出 $f(x)$的图形；

(2) 求 $\lim\limits_{x\to 0^-} f(x)$及 $\lim\limits_{x\to 0^+} f(x)$；

(3) 当 $x\to 0$ 时，$f(x)$的极限存在吗？

12. 设 $f(x)=\dfrac{|x|-x}{x}$,求 $\lim\limits_{x\to 0^+} f(x)$ 及 $\lim\limits_{x\to 0^-} f(x)$,并问 $\lim\limits_{x\to 0} f(x)$ 是否存在?

13. 已知 a,b 为常数,$\lim\limits_{x\to\infty}\dfrac{ax^2+bx+5}{x+2}=5$,求 a,b 的值.

14. 观察下列各题,哪些是无穷小量,哪些是无穷大量?

(1) $\dfrac{1+2x}{x}\ (x\to 0)$;

(2) $\dfrac{1+2x}{x^2}\ (x\to\infty)$;

(3) $\sin 2x\ (x \to 0)$；

(4) $e^{-x}\ (x \to +\infty)$；

(5) $3^{\frac{1}{x}}\ (x \to 0^-)$；

(6) $\frac{(-1)^n}{3^n}\ (n \to +\infty)$.

15. 函数 $f(x)=\frac{x+1}{x-2}$ 在什么条件下是无穷大量，什么条件下是无穷小量？为什么？

16. 求下列极限：

(1) $\lim\limits_{x\to 2}\frac{x^2+5}{x-3}$；

(2) $\lim\limits_{x\to\sqrt{2}}\frac{x^2-4}{x^4+x^2+1}$；

(3) $\lim\limits_{x\to 1}\frac{x^2-3x+2}{x^2-4x+3}$；

(4) $\lim\limits_{x\to\infty}\frac{x^3+x^2}{x^3-3x^2+4}$；

(5) $\lim\limits_{x\to 0}\frac{4x^3-2x^2+x}{3x^2+2x}$；

(6) $\lim\limits_{x\to 1}\left(\frac{2}{x^2-1}-\frac{1}{x-1}\right)$；

(7) $\lim\limits_{x\to\infty}\frac{x-\cos x}{x}$;

(8) $\lim\limits_{x\to\infty}(\sqrt{x+5}-\sqrt{x})$;

(9) $\lim\limits_{x\to 0}\frac{\sin 2x}{\sin 3x}$;

(10) $\lim\limits_{x\to\infty}x\tan\frac{1}{x}$;

(11) $\lim\limits_{x\to 1}\frac{\sin(x-1)}{x-1}$;

(12) $\lim\limits_{x\to 0}\frac{\tan 3x}{x}$;

(13) $\lim\limits_{x\to\infty}\left(1+\frac{1}{x}\right)^{\frac{x}{2}}$；

(14) $\lim\limits_{x\to 0}\frac{\ln(1-2x)}{x}$；

(15) $\lim\limits_{x\to\infty}\left(1+\frac{2}{x}\right)^{x}$；

(16) $\lim\limits_{x\to\infty}\left(\frac{2x+3}{2x+1}\right)^{x+1}$；

(17) $\lim\limits_{x\to 0}\sqrt{x^2-x+5}$；

(18) $\lim\limits_{x\to 0}\frac{\cot(1+x)}{\cos(1+x^2)}$.

17. 求下列函数的间断点,并说明理由.

(1) $y=\frac{1}{(x+2)^2}$;

(2) $y=\frac{x}{\sin x}$;

(3) $y=x\sin\frac{1}{x}$;

(4) $y=\frac{x^2-1}{x^3-1}$;

(5) $y=\begin{cases} e^x, & x<0, \\ 1, & x=0, \\ x, & x>0; \end{cases}$

(6) $y=\frac{x^2-1}{x^2-3x+2}$.

18. 设函数 $f(x)=\begin{cases} e^x, & x<0, \\ x+a, & x\geqslant 0, \end{cases}$ 问 a 取何值时，函数 $f(x)$ 在 $x=0$ 处连续？

第2章 导数与微分

微分学中最重要的两个概念就是导数与微分. 导数，从本质上看，是一种特殊形式的极限，是函数变化率的度量，是刻画函数相对于自变量变化快慢程度的数学抽象. 微分，是函数增量的线性主部，是函数增量的近似表示. 导数与微分密切相关，这两个概念之间存在着等价关系. 导数与微分都有实际背景，都可以给出几何解释，因而它们都有广泛的实际应用. 它们在解决几何问题、求函数的极值与最值等问题中有重要作用.

§2.1 导数的概念

我们先看以下几个引例.

引例1 平面曲线的切线斜率

$P(1,1)$是曲线 $y=x^2$ 上的一点，Q 是曲线上点 P 附近的一个点，分析当点 Q 沿曲线逐渐向点 P 趋近时割线 PQ 的斜率的变化情况.

分析 设点 Q 的横坐标为 $1+\Delta x$，则点 Q 的纵坐标为$(1+\Delta x)^2$，点 Q 相对于点 P 的纵坐标的增量(函数的增量)

$$\Delta y=(1+\Delta x)^2-1=2\Delta x+(\Delta x)^2.$$

所以,割线 PQ 的斜率

$$k_{PQ}=\frac{\Delta y}{\Delta x}=\frac{2\Delta x+(\Delta x)^2}{\Delta x}=2+\Delta x.$$

由此可知,当点 Q 沿曲线逐渐向点 P 靠近时,Δx 变得越来越小,k_{PQ} 越来越接近于 2;当点 Q 无限接近于点 P 时,即 Δx 无限趋近于 0 时,k_{PQ} 无限趋近于 2. 这表明,割线 PQ 无限趋近于过点 P 且斜率为 2 的直线. 我们把这条直线叫作曲线在点 P 处的**切线**. 由直线的点斜式方程知,这条切线的方程为

$$y=2x-1.$$

一般地,已知函数 $y=f(x)$ 的图象是曲线 C,$P(x_0,y_0)$,$Q(x_0+\Delta x,y_0+\Delta y)$ 是曲线 C 上的两点,当点 Q 沿曲线逐渐向点 P 靠近时,割线 PQ 绕着点 P 转动. 当点 Q 沿着曲线无限靠近点 P,即 Δx 趋于 0 时,如果割线 PQ 无限趋近于一个极限位置 PT,那么直线 PT 叫作曲线在点 P 处的**切线**. 此时,割线 PQ 的斜率 $k_{PQ}=\frac{\Delta y}{\Delta x}$ 无限趋近于切线 PT 的斜率 k. 也就是说,当 Δx 趋于 0 时,割线 PQ 的斜率 $k_{PQ}=\frac{\Delta y}{\Delta x}$ 的极限为 k.

引例 2 边际成本

设成本为 C,产量为 q,成本与产量的函数关系式为 $C(q)=3q^2+10$,我们来研究当 $q=50$ 时,产量变化 Δq 对成本的影响.

在本问题中,成本的增量为

$$\begin{aligned}\Delta C&=C(50+\Delta q)-C(50)=3(50+\Delta q)^2+10-(3\times 50^2+10)\\&=300\Delta q+3(\Delta q)^2.\end{aligned}$$

产量变化 Δq 对成本的影响可用 $\frac{\Delta C}{\Delta q}=300+3\Delta q$ 来刻画,Δq 越小,$\frac{\Delta C}{\Delta q}$ 越接近 300. 当 Δq 无限趋近于 0 时,$\frac{\Delta C}{\Delta q}$ 无限趋近于 300,我们就说当 Δq 趋近于 0 时,$\frac{\Delta C}{\Delta q}$ 的极限是 300.

我们称$\dfrac{\Delta C}{\Delta q}$的极限 300 为当 $q=50$ 时 $C(q)=3q^2+10$ 的**边际成本**.

一般地,设 C 是成本,q 是产量,成本与产量的函数关系式为 $C=C(q)$,当产量为 q_0 时,产量变化 Δq 对成本的影响可用增量比 $\dfrac{\Delta C}{\Delta q}=\dfrac{C(q_0+\Delta q)-C(q_0)}{\Delta q}$刻画.

如果 Δq 无限趋近于 0 时,$\dfrac{\Delta C}{\Delta q}$无限趋近于常数 A,经济学上称 A 为**边际成本**. 这表明,当产量为 q_0 时,增加单位产量需付出成本 A(这是实际付出成本的一个近似值).

上面两个例子的实际意义完全不同,但从抽象的数量的关系来看,其实质是一样的,都是函数的改变量与自变量的改变量的比值在自变量的改变量趋于零时的极限,我们把这种特定的极限叫作函数的导数.

2.1.1 导数的定义

导数的定义

定义 2.1.1 设函数 $y=f(x)$在点 x_0 的附近有定义,若在点 x_0 处的函数增量 Δy 与自变量增量 Δx 之比的极限存在,即

$$\lim_{\Delta x\to 0}\frac{\Delta y}{\Delta x}=\lim_{\Delta x\to 0}\frac{f(x_0+\Delta x)-f(x_0)}{\Delta x}$$

存在,则称此极限值为函数 $y=f(x)$在点 x_0 处的**导数**. 记作

$$f'(x_0)\text{或 } y'\big|_{x=x_0}\text{或}\left.\frac{\mathrm{d}y}{\mathrm{d}x}\right|_{x=x_0}.$$

若上述极限存在,则称函数 $f(x)$在点 x_0 处可导,否则称函数 $f(x)$在点 x_0 处不可导.

根据导数的定义,求函数 $y=f(x)$在点 x_0 处的导数的步骤如下:

第一步 求函数的改变量 $\Delta y=f(x_0+\Delta x)-f(x_0)$;

第二步 求比值$\dfrac{\Delta y}{\Delta x}=\dfrac{f(x_0+\Delta x)-f(x_0)}{\Delta x}$;

第三步　求极限 $f'(x_0)=\lim\limits_{x\to x_0}\dfrac{\Delta y}{\Delta x}$.

例 1　已知函数 $y=x^2$.

(1) 在 $x=5$ 处给自变量一个增量 $\Delta x=2$,求$\dfrac{\Delta y}{\Delta x}$;

(2) 求函数在 $x=5$ 处的导数.

解　在 $x=5$ 处,有

$$\Delta y=f(5+\Delta x)-f(5)=(5+\Delta x)^2-5^2=10\Delta x+(\Delta x)^2,$$

$$\frac{\Delta y}{\Delta x}=10+\Delta x.$$

(1) 因为 $\Delta x=2$,所以$\dfrac{\Delta y}{\Delta x}=10+2=12$.

(2) $y'|_{x=5}=\lim\limits_{\Delta x\to 0}\dfrac{\Delta y}{\Delta x}=\lim\limits_{\Delta x\to 0}(10+\Delta x)=10$.

由导数的定义,前面的两个引例可以叙述为

(1) 曲线 $y=f(x)$在点 x_0 处的切线斜率是函数 $y=f(x)$对自变量 x 在点 x_0 处的导数,即

$$k=f'(x_0).$$

(2) 边际成本是成本函数 $C=C(q)$的导数,即

$$C'=C'(q).$$

2.1.2　导函数的概念

如果函数 $y=f(x)$在区间(a,b)内的每一点都可导,则称函数 $y=f(x)$在区间(a,b)内可导. 这时,函数 $y=f(x)$对于(a,b)内的每一个确定的 x 值,都有唯一确定的一个导数值 $f'(x)$与之对应,因此,$f'(x)$与 x 的对应构成一个新函数,我们将这个函数叫作函数 $f(x)$的**导函数**,记作

$$f'(x),y',\frac{\mathrm{d}y}{\mathrm{d}x}\text{或}\frac{\mathrm{d}}{\mathrm{d}x}f(x).$$

显然,导数 $f'(x_0)$就是导函数 $f'(x)$在点 x_0 处的函数值,即 $f'(x_0)=f'(x)|_{x=x_0}$. 在不发生混淆的情况下,导函数简称为导数.

例 2 求函数 $y=x^2$ 的导函数.

解 $\Delta y=f(x+\Delta x)-f(x)=(x+\Delta x)^2-x^2$

$=2x\Delta x+(\Delta x)^2$,

$$y'=(x^2)'=\lim_{\Delta x\to 0}\frac{\Delta y}{\Delta x}=\lim_{\Delta x\to 0}(2x+\Delta x)=2x.$$

2.1.3 基本导数公式

根据导数的定义,求函数 $y=f(x)$ 在点 x 处的导数的步骤如下:

第一步 求函数的改变量 $\Delta y=f(x+\Delta x)-f(x)$;

第二步 求比值 $\frac{\Delta y}{\Delta x}=\frac{f(x+\Delta x)-f(x)}{\Delta x}$;

第三步 求极限 $f'(x)=\lim_{\Delta x\to 0}\frac{\Delta y}{\Delta x}$.

下面根据这三个步骤来推导一些基本导数公式.

例 3 求常函数 $f(x)=C$ 的导数.

解 因为 $\Delta y=f(x+\Delta x)-f(x)=C-C=0$,则

$$\frac{\Delta y}{\Delta x}=\frac{0}{\Delta x}=0.$$

所以

$$\lim_{\Delta x\to 0}\frac{\Delta y}{\Delta x}=0,$$

即

$$(C)'=0.$$

类似地,可以得到其他一些基本求导公式:

(1) $(x^t)'=tx^{t-1}$.

(2) $(\sin x)'=\cos x$, $(\cos x)'=-\sin x$.

(3) $(a^x)'=a^x\ln a$,特别地,$(\mathrm{e}^x)'=\mathrm{e}^x$.

(4) $(\log_a x)'=\frac{1}{x\ln a}$,特别地,$(\ln x)'=\frac{1}{x}$.

2.1.4 可导与连续

我们可以得到如下结论:

若函数可导，则一定连续，但连续函数不一定可导.

例如，函数 $y=\sqrt[3]{x}$ 在点 $x=0$ 处连续，但不可导. 因为

$$\lim_{\Delta x\to 0}\Delta y=\lim_{\Delta x\to 0}(\sqrt[3]{0+\Delta x}-\sqrt[3]{0})=\lim_{\Delta x\to 0}\sqrt[3]{\Delta x}=0,$$

$$\lim_{\Delta x\to 0}\frac{\Delta y}{\Delta x}=\lim_{\Delta x\to 0}\frac{\sqrt[3]{\Delta x}}{\Delta x}=\lim_{\Delta x\to 0}\frac{1}{\sqrt[3]{(\Delta x)^2}}=\infty.$$

所以，在 $x=0$ 处，函数 $y=\sqrt[3]{x}$ 连续，但不可导.

再如，$y=|x|$ 在 $x=0$ 处连续，但不可导.

因为

$$\lim_{\Delta x\to 0}\Delta y=\lim_{\Delta x\to 0}(|\Delta x|-0)=\lim_{\Delta x\to 0}|\Delta x|=0,$$

$$\lim_{\Delta x\to 0^+}\frac{f(0+\Delta x)-f(0)}{\Delta x}=\lim_{\Delta x\to 0^+}\frac{|\Delta x|}{\Delta x}=\lim_{\Delta x\to 0^+}\frac{\Delta x}{\Delta x}=1,$$

$$\lim_{\Delta x\to 0^-}\frac{f(0+\Delta x)-f(0)}{\Delta x}=\lim_{\Delta x\to 0^-}\frac{|\Delta x|}{\Delta x}=\lim_{\Delta x\to 0^-}\frac{-\Delta x}{\Delta x}=-1,$$

所以左、右极限不相等. 故函数 $y=f(x)$ 在 $x=0$ 处连续，但不可导.

§ 2.2　导数的四则运算

虽然由导数定义可以求出一些简单函数的导数，但当函数较复杂时，用定义求导是比较麻烦的，因此建立求导数的一些法则就显得很有必要. 本节主要介绍这方面的内容.

定理 2.2.1　设函数 $u=u(x)$，$v=v(x)$ 在 x 处可导，则它们的和、差、积与商在 x 处也可导，即

(1) $(u\pm v)'=u'\pm v'$.

(2) $(uv)'=u'v+uv'$.

(3) $\left(\frac{u}{v}\right)'=\frac{u'v-uv'}{v^2}$ $(v\neq 0)$.

推论 1 $(Cu)'=Cu'$（C 为常数）.

推论 2 $\left(\dfrac{1}{v}\right)'=-\dfrac{v'}{v^2}$.

推论 3 函数的加、减、乘的求导法则可推广到有限个可导函数的情形.

例如，$(u+v-w)'=u'+v'-w'$，$(uvw)'=u'vw+uv'w+uvw'$.

例 1 设 $f(x)=3x^4-\mathrm{e}^x+5\cos x-1$，求 $f'(x)$ 及 $f'(0)$.

解 根据推论 1，可得

$$(3x^4)'=3(x^4)',(5\cos x)'=5(\cos x)'.$$

又 $(x^4)'=4x^3,(\cos x)'=-\sin x,(\mathrm{e}^x)'=\mathrm{e}^x,(1)'=0$，

故

$$\begin{aligned}f'(x)&=(3x^4-\mathrm{e}^x+5\cos x-1)'\\&=(3x^4)'-(\mathrm{e}^x)'+(5\cos x)'-(1)'\\&=12x^3-\mathrm{e}^x-5\sin x.\end{aligned}$$

$$f'(0)=(12x^3-\mathrm{e}^x-5\sin x)\big|_{x=0}=-1.$$

例 2 设 $y=x^2\sin x$，求 y'.

解 根据乘法公式，有

$$y'=(x^2\sin x)'=(x^2)'\sin x+x^2(\sin x)'=2x\sin x+x^2\cos x.$$

例 3 设 $y=\dfrac{x^2-x+2}{x+3}$，求 y'.

解 根据除法公式，有

$$\begin{aligned}y'&=\left(\frac{x^2-x+2}{x+3}\right)'\\&=\frac{(x^2-x+2)'(x+3)-(x^2-x+2)(x+3)'}{(x+3)^2}\\&=\frac{(2x-1)(x+3)-(x^2-x+2)}{(x+3)^2}\\&=\frac{x^2+6x-5}{(x+3)^2}.\end{aligned}$$

例 4 设 $f(x)=\tan x$，求 $f'(x)$.

解 $f'(x)=(\tan x)'=\left(\dfrac{\sin x}{\cos x}\right)'=\dfrac{\cos x(\sin x)'-(\cos x)'\sin x}{\cos^2 x}$

$$=\frac{\cos^2 x+\sin^2 x}{\cos^2 x}=\frac{1}{\cos^2 x}=\sec^2 x.$$

即 $$(\tan x)'=\sec^2 x.$$

同理可得 $$(\cot x)'=-\csc^2 x.$$

$$(\sec x)'=\sec x\tan x.$$

$$(\csc x)'=-\csc x\cot x.$$

另外，可求得

$$(\arcsin x)'=\frac{1}{\sqrt{1-x^2}},(\arccos x)'=\frac{-1}{\sqrt{1-x^2}},$$

$$(\arctan x)'=\frac{1}{1+x^2},(\operatorname{arccot} x)'=\frac{-1}{1+x^2}.$$

至此，我们已全部求出基本初等函数的导数，为以后使用方便，汇总如下：

(1) $(C)'=0$.

(2) $(x^t)'=tx^{t-1}$.

(3) $(a^x)'=a^x\ln a$，　　$(e^x)'=e^x$.

(4) $(\log_a x)'=\dfrac{1}{x\ln a}$，　　$(\ln x)'=\dfrac{1}{x}$.

(5) $(\sin x)'=\cos x$.　　(6) $(\cos x)'=-\sin x$.

(7) $(\tan x)'=\sec^2 x$.　　(8) $(\cot x)'=-\csc^2 x$.

(9) $(\sec x)'=\sec x\tan x$.　　(10) $(\csc x)'=-\csc x\cot x$.

(11) $(\arcsin x)'=\dfrac{1}{\sqrt{1-x^2}}$.　　(12) $(\arccos x)'=\dfrac{-1}{\sqrt{1-x^2}}$.

(13) $(\arctan x)'=\dfrac{1}{1+x^2}$.　　(14) $(\operatorname{arccot} x)'=\dfrac{-1}{1+x^2}$.

复合函数
求导法

§2.3 复合函数的求导法则

定理 2.3.1 设函数 $u=\varphi(x)$在 x 处可导，函数 $y=f(u)$在对应点 $u=\varphi(x)$处可导，则复合函数 $y=f(\varphi(x))$在 x 处也可导，且其导数为

$$y'_x=y'_u\cdot u'_x \text{ 或 } y'_x=f'(u)\cdot\varphi'(x)\text{ 或 }\frac{\mathrm{d}y}{\mathrm{d}x}=\frac{\mathrm{d}y}{\mathrm{d}u}\cdot\frac{\mathrm{d}u}{\mathrm{d}x}.$$

推论 设 $y=f(u)$，$u=\varphi(v)$，$v=\psi(x)$均可导，则复合函数 $y=f(\varphi(\psi(x)))$也可导，且 $y'_x=y'_u\cdot u'_v\cdot v'_x$.

注：求复合函数的导数时关键是分析所给函数是由哪些简单函数复合而成，选好中间变量，正确写出求导公式.

例 1 设 $y=(2x+1)^3$，求 y'.

解 把 $2x+1$ 看成中间变量 u，将 $y=(2x+1)^3$ 看成是由 $y=u^3$，$u=2x+1$ 复合而成.

由于

$$y'_u=(u^3)'=3u^2,u'_x=(2x+1)'=2,$$

所以

$$y'_x=y'_u\cdot u'_x=3u^2\cdot 2=6(2x+1)^2.$$

例 2 设 $y=\sin^2 x$，求 y'.

解 将 $y=\sin^2 x$ 看成是由 $y=u^2$，$u=\sin x$ 复合而成，而

$$y'_u=(u^2)'=2u,u'_x=(\sin x)'=\cos x,$$

所以

$$y'_x=y'_u\cdot u'_x=2u\cdot\cos x=2\sin x\cos x=\sin 2x.$$

例 3 设 $y=\mathrm{e}^{x+2}$，求 y'.

解 $y=\mathrm{e}^{x+2}$可以看成是由 $y=\mathrm{e}^u$，$u=x+2$ 复合而成，

$$y'_x = y'_u \cdot u'_x = (e^u)'_u \cdot (x+2)'_x = e^u \cdot 1 = e^{x+2}.$$

对复合函数求导过程熟练后，求导时中间变量可以不必写出，只要分析清楚复合关系，做到心中有数，就可直接写出复合函数对自变量的导数.

例 4　设 $y=\sin 2x$，求 y'.

解　将中间变量 $u=2x$ 记在脑子中，在心中算出 $y'_u=(\sin u)'=\cos u=\cos 2x$.

这样可以直接写出下式：

$$y'_x=\cos 2x \cdot (2x)'_x = 2\cos 2x.$$

例 5　设 $f(x)=\arcsin(x^2)$，求 $f'(x)$.

解　$f'(x)=\dfrac{1}{\sqrt{1-x^4}}\cdot (x^2)'_x=\dfrac{2x}{\sqrt{1-x^4}}$.

例 6　设 $y=\ln\sin\sqrt{x}$，求 y'.

解

$$\begin{aligned} y'_x &= \frac{1}{\sin\sqrt{x}}\cdot(\sin\sqrt{x})'_x=\frac{1}{\sin\sqrt{x}}\cdot\cos\sqrt{x}(\sqrt{x})'_x \\ &= \frac{1}{2\sqrt{x}}\cdot\cot\sqrt{x}. \end{aligned}$$

例 7　设 $y=\sqrt{x-e^{-x}}$，求 y'.

解

$$\begin{aligned} y'_x &= \frac{1}{2}(x-e^{-x})^{-\frac{1}{2}}(x-e^{-x})'_x \\ &= \frac{1}{2}(x-e^{-x})^{-\frac{1}{2}}[(x)'_x-(e^{-x})'_x] \\ &= \frac{1}{2}(x-e^{-x})^{-\frac{1}{2}}[1-e^{-x}\cdot(-x)'_x] \\ &= \frac{1}{2}(x-e^{-x})^{-\frac{1}{2}}(1+e^{-x}). \end{aligned}$$

例 8　设 $y=(x+\ln x)^2$，求 y'.

解　先用复合函数求导公式，再用加法公式：

$$y'=2(x+\ln x)(x+\ln x)'=2(x+\ln x)\left(1+\frac{1}{x}\right).$$

§ 2.4　高阶导数

如果可以对函数 $f(x)$ 的导函数 $f'(x)$ 再求导，则称所得到的新函数为函数 $y=f(x)$ 的**二阶导数**，记作 $f''(x)$ 或 y'' 或 $\frac{\mathrm{d}^2y}{\mathrm{d}x^2}$. 类似地，二阶导数的导数称为**三阶导数**，三阶导数的导数称为**四阶导数**，…. 一般地，函数 $f(x)$ 的 $n-1$ 阶导数的导数称为 **n 阶导数**. 把 $f'(x)$ 称为 $f(x)$ 的**一阶导数**.

函数 $f(x)$ 的各阶导数分别记为 $y', y'', y''', y^{(4)}, \cdots, y^{(n)}$；或 $f'(x), f''(x), f'''(x), f^{(4)}(x), \cdots, f^{(n)}(x)$；或 $\frac{\mathrm{d}y}{\mathrm{d}x}, \frac{\mathrm{d}^2y}{\mathrm{d}x^2}, \frac{\mathrm{d}^3y}{\mathrm{d}x^3}, \frac{\mathrm{d}^4y}{\mathrm{d}x^4}, \cdots, \frac{\mathrm{d}^{(n)}y}{\mathrm{d}x^n}$.

二阶及二阶以上的导数统称为**高阶导数**. 显然，求高阶导数只需逐阶求导，直到所要求的阶数即可.

例 1　求函数 $y=ax^2+bx+c$ 的二阶导数.

解　$y'=2ax+b, y''=2a$.

例 2　设 $y=\mathrm{e}^x$，求 $y^{(n)}$.

解　$y'=\mathrm{e}^x, y''=\mathrm{e}^x, \cdots, y^{(n)}=\mathrm{e}^x$.

例 3　设 $y=\sin x$，求 $\frac{\mathrm{d}^ny}{\mathrm{d}x^n}$.

解　$\frac{\mathrm{d}y}{\mathrm{d}x}=\cos x=\sin\left(x+\frac{\pi}{2}\right)$,

$$\frac{\mathrm{d}^2y}{\mathrm{d}x^2}=\cos\left(x+\frac{\pi}{2}\right)=\sin\left(x+2\cdot\frac{\pi}{2}\right),$$

$$\frac{\mathrm{d}^3y}{\mathrm{d}x^3}=\cos\left(x+2\cdot\frac{\pi}{2}\right)=\sin\left(x+3\cdot\frac{\pi}{2}\right),$$

…,

$$\frac{\mathrm{d}^n y}{\mathrm{d}x^n}=\sin\left(x+\frac{n\pi}{2}\right).$$

同理可得　　$(\cos x)^{(n)}=\cos\left(x+n\cdot\frac{\pi}{2}\right).$

§ 2.5　微　分

用导数可以描述函数在某点变化的快慢程度，但有时还需要了解函数在某一点当自变量取得微小变化时，函数相应改变量的大小.

2.5.1　微分的概念

引例　边长为 x 的正方形，当边长增加 Δx 时，其面积增加多少？

设正方形的面积为 S，面积的增加部分记作 ΔS，则

$$\Delta S=(x+\Delta x)^2-x^2=2x\Delta x+(\Delta x)^2.$$

可见面积的改变量由两部分组成：

第一部分 $2x\Delta x$，是关于 Δx 的线性函数，即 ΔS 的主要部分；

第二部分 $(\Delta x)^2$，是关于 Δx 的高阶无穷小（比 Δx 趋于零的速度快得多），占极其微小的部分.

当 Δx 很小时，如 $x=1$，$\Delta x=0.01$，则 $2x\Delta x=0.02$，而另一部分 $(\Delta x)^2=0.000\,1$，当 Δx 越小时，$(\Delta x)^2$ 部分就比 $2x\Delta x$ 小得更多. 因此，如果要取 ΔS 的近似值，显然 $2x\Delta x$ 是 ΔS 的一个很好的近似，$2x\Delta x$ 就称为 $S=x^2$ 的微分.

定义 2.5.1　设函数 $y=f(x)$ 在点 x 的附近有定义，如果函数 $f(x)$ 在点 x 处的增量 $\Delta y=f(x+\Delta x)-f(x)$ 可以表示为 $\Delta y=A\Delta x+\alpha$，其中 A 与 Δx 无关，α 是 Δx 的高阶无穷小量，则称 $A\Delta x$ 为函数 $y=f(x)$ 在点 x 处的微分，记作 $\mathrm{d}y$，即

微分的定义

$$dy=A\Delta x.$$

这时也称函数 $y=f(x)$在点 x 处可微.

注意 函数 $y=f(x)$在点 x 处的微分有两个特点：

(1) $dy=A\Delta x$ 是改变量 ΔS 的线性部分,因此它容易计算；

(2) $\Delta y\approx dy$(当 $\Delta x\to 0$ 时).

例 1 设 $y=x^3$,求 $x=1,\Delta x=0.1$ 时函数增量和函数微分.

解 $\Delta y=(1+\Delta x)^3-1^3=3\Delta x+3(\Delta x)^2+(\Delta x)^3$.

上式可以看成由两部分组成:第一部分具有 $A\Delta x$ 形式的是 $3\Delta x$;第二部分 α 是 $3(\Delta x)^2+(\Delta x)^3$,它是 Δx 的高阶无穷小量,这是因为

$$\lim_{\Delta x\to 0}\frac{\alpha}{\Delta x}=\lim_{\Delta x\to 0}\frac{3(\Delta x)^2+(\Delta x)^3}{\Delta x}=\lim_{\Delta x\to 0}[3\Delta x+(\Delta x)^2]=0.$$

所以 $\Delta x=0.1$ 时,函数 $y=x^3$ 在点 $x=1$ 处的微分是

$$dy=3\Delta x=0.3.$$

函数的增量是

$$\Delta y=3\Delta x+3(\Delta x)^2+(\Delta x)^3=0.331.$$

为了方便起见,把自变量的增量 Δx 写成 dx,即 $\Delta x=dx$. 从而 $dy=Adx$.

定理 2.5.2 设函数 $y=f(x)$在点 x 处可微,则函数 $y=f(x)$在点 x 处可导,且 $A=f'(x)$. 反之,如果函数 $y=f(x)$在点 x 处可导,则 $f(x)$在点 x 处可微.

所以,有

$$dy=f'(x)\Delta x \text{ 或 } dy=f'(x)dx.$$

上述定理可叙述为:函数 $f(x)$在点 x 处可微的充要条件是函数 $f(x)$在点 x 处可导. 上式也可以写为 $\frac{dy}{dx}=f'(x)$.

例 2 求函数 $y=e^x$ 在 x 处的微分,并求当 $x=0$ 时的微分(记作 $dy|_{x=0}$).

解 因为 $y'=e^x$,所以

$$dy=e^x dx,\ dy|_{x=0}=e^x dx|_{x=0}=dx.$$

2.5.2 微分的基本公式及其运算法则

1. 基本初等函数的微分公式

$d(C)=0.$ $\quad$ $d(x^t)=tx^{t-1}dx.$

$d(e^x)=e^x dx.$ $\quad$ $d(a^x)=a^x\ln a dx.$

$d(\log_a x)=\dfrac{1}{x\ln a}dx.$ $\quad$ $d(\ln x)=\dfrac{1}{x}dx.$

$d(\sin x)=\cos x dx.$ $\quad$ $d(\cos x)=-\sin x dx.$

$d(\tan x)=\sec^2 x dx.$ $\quad$ $d(\cot x)=-\csc^2 x dx.$

$d(\sec x)=\sec x\tan x dx.$ $\quad$ $d(\csc x)=-\csc x\cot x dx.$

$d(\arcsin x)=\dfrac{1}{\sqrt{1-x^2}}dx.$ $\quad$ $d(\arccos x)=\dfrac{-1}{\sqrt{1-x^2}}dx.$

$d(\arctan x)=\dfrac{1}{1+x^2}dx.$ $\quad$ $d(\text{arccot}\, x)=\dfrac{-1}{1+x^2}dx.$

2. 微分的四则运算

定理 2.5.2 设函数 u,v 可微，则

$$d(u\pm v)=du\pm dv.$$

$$d(uv)=udv+vdu.$$

$$d\left(\frac{v}{u}\right)=\frac{udv-vdu}{u^2}\ (u\neq 0).$$

推论 1 当 v 为常数 C 时，$d(Cu)=Cdu$.

推论 2 当 $v=1$ 时，则 $d\left(\dfrac{1}{u}\right)=\dfrac{-1}{u^2}du$.

例 3 设 $y=3x^2-\ln x$，求 dy.

解 $dy=d(3x^2-\ln x)=3dx^2-d(\ln x)=\left(6x-\dfrac{1}{x}\right)dx.$

例 4 设 $y=x\cos x$，求 dy.

解 $dy=d(x\cos x)=xd(\cos x)+\cos x dx=(\cos x-x\sin x)dx.$

例 5 设 $y=\dfrac{\sin x}{x}$，求 dy.

解 $dy=d\left(\dfrac{\sin x}{x}\right)=\dfrac{xd(\sin x)-\sin x dx}{x^2}=\dfrac{x\cos x dx-\sin x dx}{x^2}$

$$=\frac{x\cos x-\sin x}{x^2}\mathrm{d}x.$$

3. 复合函数的微分

定理 2.5.3 设函数 $y=f(u)$，$u=\varphi(x)$ 均可微，则 $y=f(\varphi(x))$ 也可微，且

$$\mathrm{d}y=f'(u)\varphi'(x)\mathrm{d}x.$$

由于 $\mathrm{d}u=\varphi'(x)\mathrm{d}x$，所以上式可写为

$$\mathrm{d}y=f'(u)\mathrm{d}u.$$

从上式的形式看，它与 $y=f(x)$ 的微分 $\mathrm{d}y=f'(x)\mathrm{d}x$ 形式一样，这叫**一阶微分形式不变性**，其意义是：不管 u 是自变量还是中间变量，函数 $y=f(u)$ 的微分总是 $\mathrm{d}y=f'(u)\mathrm{d}u$.

例 6 设 $y=\sin 2x$，求微分 $\mathrm{d}y$.

解 利用一阶微分形式不变性，有

$$\mathrm{d}y=\cos 2x\mathrm{d}(2x)=2\cos 2x\mathrm{d}x.$$

例 7 设 $y=\arctan\sqrt{x}$，求 $\mathrm{d}y$.

解 $\mathrm{d}y=\mathrm{d}(\arctan\sqrt{x})=\frac{1}{1+(\sqrt{x})^2}\mathrm{d}(\sqrt{x})=\frac{1}{2\sqrt{x}(1+x)}\mathrm{d}x.$

由此也可知

$$y'=\frac{1}{2\sqrt{x}(1+x)}.$$

2.5.3 微分在近似计算中的应用

对于经济领域问题中的一些复杂的计算公式，如果直接进行计算，那么会非常费力，利用微分往往可以把一些复杂的计算公式改用简单的近似公式来代替.

当 $|\Delta x|$ 很小时（记作 $|\Delta x|<<1$），$\Delta y\approx \mathrm{d}y$，

即

$$f(x_0+\Delta x)-f(x_0)\approx f'(x_0)\Delta x$$

或

$$f(x_0+\Delta x)\approx f(x_0)+f'(x_0)\Delta x.$$

这个公式可以用来计算函数在某一点附近的函数值的近似值.

例 8　设某国的国民经济消费模型为

$$y=10+0.4x+0.01\sqrt{x},$$

其中 y 为总消费(单位:十亿元),x 为可支配收入(单位:十亿元),当 $x=100.05$ 时,问总消费是多少?

解　令 $x_0=100$,$\Delta x=0.05$,因为 Δx 相对于 x_0 较小,可用上面的近似公式来求值.

$$\begin{aligned}f(x_0+\Delta x)&\approx f(x_0)+f'(x_0)\Delta x\\&=(10+0.4\times100+0.01\sqrt{100})+(10+0.4x+0.01\sqrt{x})'\big|_{x=100}\cdot\Delta x\\&=50.1+\left(0.4+\frac{0.01}{2\sqrt{x}}\right)_{x=100}\times0.05\\&=50.120\,025(\text{十亿元}).\end{aligned}$$

本章内容精要

本章主要介绍了导数和微分的概念、基本函数导数公式、复合函数求导法高阶导数、微分的计算方法以及微分在近似计算中的应用.

1. 基本概念

导数、高阶导数、微分.

2. 基本计算方法

导数、复合函数导数、高阶导数、微分的计算.

习题 2

1. 讨论下列函数在 $x=0$ 处的连续性和可导性.

(1) $f(x)=\begin{cases}1, & x\geqslant 0,\\ 0, & x<0;\end{cases}$

(2) $f(x)=\begin{cases}x^2, & x\leqslant 0,\\ xe^x, & x>0.\end{cases}$

2. 求下列函数的导数：

(1) $y=x^3-3x^2+4x-5$；

(2) $y=\dfrac{1}{5x^5}+\dfrac{1}{4x^4}-\dfrac{1}{x}+12$；

(3) $y=5x^3-2^x+3e^x$；

(4) $y=2\tan x+\sec x-1$；

(5) $y=(x+1)(x-1)$；

(6) $y=x^2\ln x$；

(7) $y=e^x(\sin x-\cos x)$；

(8) $y=\dfrac{\sin x}{x}$；

(9) $y=x\sin x\ln x$；

(10) $y=\dfrac{1+2x-x^2+\sqrt{x}}{x}$.

3. 求下列函数的导数：

(1) $y=(2x+5)^4$；

(2) $y=\cos(4-3x)$；

(3) $y=e^{-3x^2}$;

(4) $y=\ln(1+x^2)$;

(5) $y=e^{-x^2+2x+1}$;

(6) $y=(1+\sin 2x)^4$;

(7) $y=\arcsin(2x-1)$;

(8) $y=\ln(\sec x+\tan x)$;

(9) $y=\sin\sqrt{1+x^2}$;

(10) $y=\ln[\ln(\ln x)]$.

4. 求下列函数在给定点的导数值：

(1) $f(x)=1+x-2x^2$，求 $f'(0)$；　　(2) $f(x)=2+\sqrt[3]{x^2}-x$，求 $f'(1)$.

5. 求下列函数的二阶导数：

(1) $y=\dfrac{x^2}{1-x}$；　　(2) $y=(1+x^2)\arctan x$；

(3) $y=\ln(1-x^2)$；　　(4) $y=\dfrac{e^x}{x}$；

(5) $y=\ln(x+\sqrt{1+x^2})$；　　(6) $y=x^3-2x^2+x-1$.

6. 求 $y=\dfrac{1}{x}$在 $x=1$ 的二阶导数值.

7. 求下列函数的 n 阶导数

(1) $y=\dfrac{1}{x+1}$；

(2) $y=xe^x$；

(3) $y=\sin^2 x$；

(4) $y=x\ln x$.

8. 求函数 $y=x^3-x$，在 $x=2$ 处，当 $x=0.1,0.01$ 时的增量和微分.

9. 求下列函数的微分：

(1) $y=x^2+\sqrt{x}+1$；

(2) $y=\frac{1}{x}+2\sqrt{x}$；

(3) $y=\sin x-x\cos x$；

(4) $y=x^2\sin 2x$；

(5) $y=\frac{x}{x+1}$；

(6) $y=x\ln x-\frac{1}{x}$；

(7) $y=\tan^2(1-x)$；

(8) $y=e^{-x}\cos x$；

(9) $y=\cot(1-2x)$；

(10) $y=\arctan x^2$；

(11) $y=2^{\frac{1}{\cos x}}$；

(12) $y=xe^{-x}\sin x$；

(13) $y=\cos(\arcsin\sqrt{x})$；

(14) $y=\ln\frac{x}{\sqrt{1-x^2}}$.

10. 将适当的函数填入括号内使等式成立.

(1) $d(\qquad)=2dx$；

(2) $d(\qquad)=2xdx$

(3) $d(\qquad)=\cos t dt$；

(4) $d(\qquad)=\sin \omega t dt$；

(5) $d(\qquad)=\frac{1}{x+1}dx$；

(6) $d(\qquad)=e^{-2x}dx$；

(7) $d(\qquad)=\frac{1}{\sqrt{x}}dx$；

(8) $d(\qquad)=\sec^2 3x dx$.

第 3 章 导数的应用

对于函数的单调性，读者已具备一定认知. 本节将借助导数和二阶导数，剖析函数的动态性，包括函数的单调性与极值等问题，这对函数的定性研究和实际应用都很重要.

§3.1 函数的单调性、极值和最值

3.1.1 函数的单调性

单调区间和极值

单调性是函数的重要性态之一，它能帮助我们研究函数的极值. 根据函数单调性的定义来判别函数的单调性是相当困难的，这里我们将学习一种判别函数单调性的简便方法.

定理 3.1.1 设函数 $y=f(x)$ 在区间 (a,b) 内可导，当 $x\in(a,b)$ 时，

(1) 若 $f'(x)>0$，则 $f(x)$ 在 (a,b) 内单调递增；

(2) 若 $f'(x)<0$，则 $f(x)$ 在 (a,b) 内单调递减.

证明从略.

注意 若导函数 $f'(x)$ 在 (a,b) 内的个别点处为零，而在其余

各点处都为正(或负),则 $f(x)$ 在该区间上仍是单调递增(或单调递减)的.

例如,函数 $f(x)=x^3$,$f'(0)=0$,但在 $(-\infty,+\infty)$ 内的其他点处 $f'(x)>0$,因此它在区间 $(-\infty,+\infty)$ 内仍是单调递增的(图 3.1.1).

另外,有些函数在它的定义区间上并不是单调的,所谓讨论函数的单调性,就是判定函数在其定义区间上的哪些区间内递增,哪些区间内递减.

例如,函数 $f(x)=x^2$,在 $(-\infty,0)$ 内单调递减,在 $(0,+\infty)$ 内单调递增.不难发现,该函数在单调区间的分界点 $x=0$ 处有 $f'(0)=0$.

一般地,使得 $f'(x)=0$ 的点(称这样的点为**驻点**)是单调区间的分界点,而导数不存在的点也可能是单调区间的分界点.例如,函数 $f(x)=|x|$ 在 $x=0$ 处不可导,但 $x=0$ 是该函数单调区间的分界点(图 3.1.2).

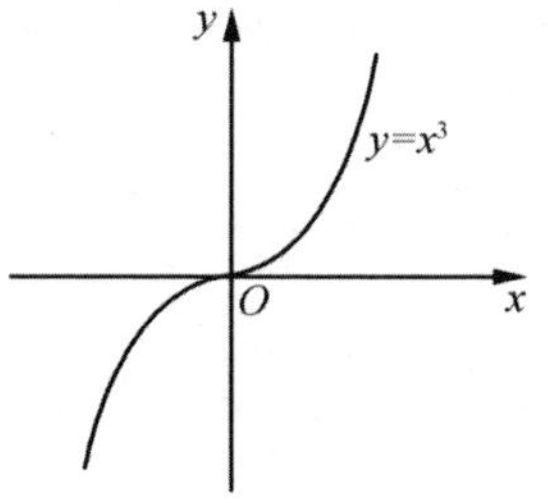

图 3.1.1

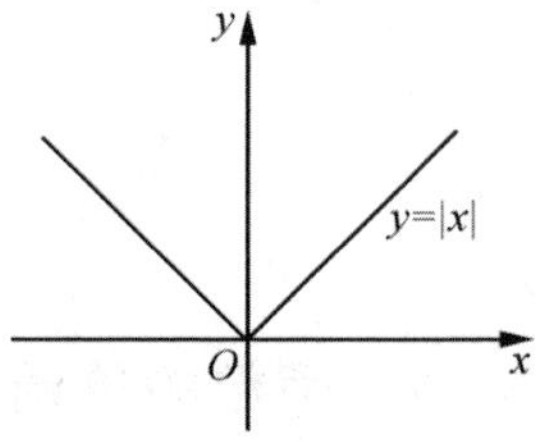

图 3.1.2

由以上讨论及定理 3.1.1 可得确定函数 $y=f(x)$ 的单调区间的一般步骤:

(1) 确定函数 $f(x)$ 的定义域;

(2) 求出函数 $f(x)$ 的驻点及导数不存在的点,并以这些点为分界点,将定义域分为若干个子区间;

(3) 列表,确定 $f'(x)$ 在各个子区间内的符号,从而判定出 $f(x)$ 的单调性.

例 1 讨论函数 $f(x)=3x-x^3$ 的单调性.

解　(1) 该函数的定义域为$(-\infty,+\infty)$.

(2) $f'(x)=3-3x^2=-3(x+1)(x-1)$.

令 $f'(x)=0$,得 $x_1=-1,x_2=1$.

x_1,x_2 把定义区间分成三个小区间:$(-\infty,-1),(-1,1),(1,+\infty)$.

(3) 列表:

x	$(-\infty,-1)$	-1	$(-1,1)$	1	$(1,+\infty)$
$f'(x)$	$-$	0	$+$	0	$-$
$f(x)$	↘		↗		↘

注:上表中"↗"表示递增;"↘"表示递减;"+"表示符号为正;"−"表示符号为负.

由上表可以看出,该函数在区间$(-1,1)$内单调递增,在区间$(-\infty,-1)$和$(1,+\infty)$内单调递减.

例 2　确定函数 $f(x)=(2x-3)\sqrt[3]{x^2}$的单调性.

解　(1) 函数 $f(x)$的定义域为$(-\infty,+\infty)$.

(2) $f'(x)=2x^{\frac{2}{3}}+\dfrac{2}{3}(2x-3)x^{-\frac{1}{3}}=\dfrac{10\left(x-\frac{3}{5}\right)}{3x^{\frac{1}{3}}}$.

令 $f'(x)=0$,得 $x=\dfrac{3}{5}$,此外 $x=0$ 为导数不存在的点,这些点将定义区间分为三个子区间:

$$(-\infty,0),\left(0,\frac{3}{5}\right),\left(\frac{3}{5},+\infty\right).$$

(3) 列表:

x	$(-\infty,0)$	0	$\left(0,\frac{3}{5}\right)$	$\frac{3}{5}$	$\left(\frac{3}{5},+\infty\right)$
$f'(x)$	$+$	不存在	$-$	0	$+$
$f(x)$	↗		↘		↗

由上表可以看出,该函数在区间$(-\infty,0)$和$\left(\dfrac{3}{5},+\infty\right)$内单调递增,在$\left(0,\dfrac{3}{5}\right)$内单调递减.

3.1.2 函数的极值

极值也是函数性态的重要特征，它有助于我们准确地讨论函数的最值.

定义 3.1.1 设函数 $y=f(x)$ 在点 x_0 的附近有定义，若对任一异于 x_0 的点 x，均有

(1) $f(x_0)>f(x)$，则称 $f(x_0)$ 为函数 $f(x)$ 的**极大值**，x_0 称为 $f(x)$ 的**极大值点**；

(2) $f(x_0)<f(x)$，则称 $f(x_0)$ 为函数 $f(x)$ 的**极小值**，x_0 称为 $f(x)$ 的**极小值点**.

极大值、极小值统称为**极值**，极大值点、极小值点统称为**极值点**.

若函数 $f(x)$ 如图 3.1.3 所示，则 $f(x_1)$，$f(x_3)$ 是它的极大值，x_1，x_3 是它的极大值点；$f(x_2)$，$f(x_4)$ 是它的极小值，x_2，x_4 是它的极小值点.

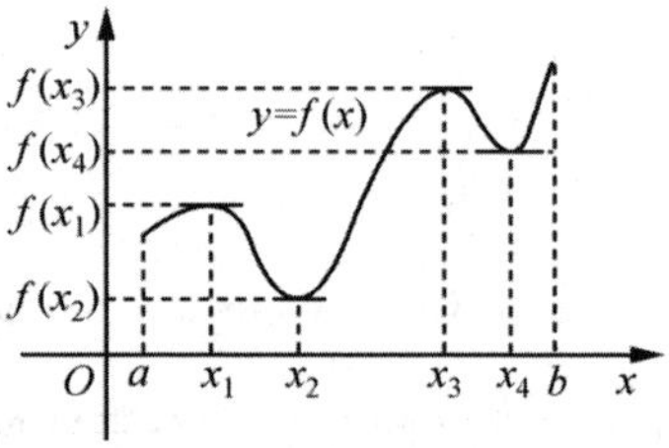

图 3.1.3

从函数极值的定义及图 3.1.3 可以看出：极大值或极小值是函数在一个小范围内的最大值或最小值，而函数的最大值或最小值是就函数的整个定义域而言的(以后把函数在其定义域上的最大值与最小值统称为函数的**最值**)，即极值不一定是最值. 另外，有的极小值可能比极大值还大，如图 3.1.3 中 $f(x)$ 的极小值 $f(x_4)$ 大于极大值 $f(x_1)$. 此外，在定义区间的端点处不考虑函数的极值问题.

图 3.1.3 还表明，可导函数在取得极值处的切线是水平的. 我们有如下定理：

定理 3.1.2(极值的必要条件) 设函数 $y=f(x)$ 在点 x_0 处可导，若 x_0 为 $f(x)$ 的极值点，则必有 $f'(x_0)=0$.

证明从略.

由定理 3.1.2 可知,可导函数 $f(x)$的极值点必在导数为零的点(驻点)中,但驻点不一定是函数的极值点. 例如,$x=0$ 是函数$f(x)=x^3$ 的驻点,但不是其极值点. 另外,对于一个连续函数,其极值点还可能是导数不存在的点. 例如,前面提过的函数 $f(x)=|x|$,它在 $x=0$ 处的导数不存在,但 $x=0$ 是它的极小值点.

综上所述,函数的极值点只可能是其驻点和导数不存在的点,而这些点是否为极值点,我们有如下判别定理.

定理 3.1.3(极值的第一充分条件) 设函数 $y=f(x)$在点 x_0 处连续,在点 x_0 的附近(点 x_0 可除外)可导.

(1) 若在点 x_0 的左侧邻近 $f'(x)>0$,右侧邻近 $f'(x)<0$,则 $f(x)$在点 x_0 处取得极大值,如图 3.1.4(a)所示;

(2) 若在点 x_0 的左侧邻近 $f'(x)<0$,右侧邻近 $f'(x)>0$,则 $f(x)$在点 x_0 处取得极小值,如图 3.1.4(b)所示;

(3) 若在点 x_0 的左、右两侧邻近 $f'(x)$的符号不变,则 $f(x_0)$不是极值.

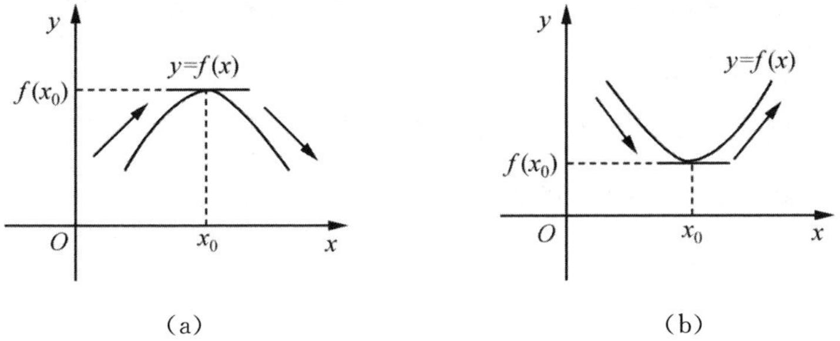

图 3.1.4

运用定理 3.1.3 求函数 $f(x)$的极值的一般步骤如下:

(1) 确定函数 $f(x)$的定义域;

(2) 求出该函数的驻点及导数不存在的点,并以这些点为分界点,将定义域分为若干个子区间;

(3) 列表,考察 $f'(x)$在以上各点左、右两侧近旁的符号,确定极值点,并求出极值.

例 3 求函数 $f(x)=x-\ln(1+x)$ 的极值.

解 (1) 该函数的定义域为 $(-1,+\infty)$.

(2) $f'(x)=1-\frac{1}{1+x}=\frac{x}{1+x}$,令 $f'(x)=0$ 得驻点 $x=0$,因为 $f(x)$ 在 $x=-1$ 处无定义,故不必讨论.

(3) 列表:

x	$(-1,0)$	0	$(0,+\infty)$
$f'(x)$	$-$	0	$+$
$f(x)$	↘	极小值 $f(0)=0$	↗

由上表知,在 $x=0$ 处函数取得极小值 0.

例 4 求函数 $f(x)=3x-x^3$ 的极值.

解 所给函数的单调性在前面例 1 已讨论过,为求得其极值,只需将当时所得表格补充即可:

x	$(-\infty,-1)$	-1	$(-1,1)$	1	$(1,+\infty)$
$f'(x)$	$-$	0	$+$	0	$-$
$f(x)$	↘	极小值 $f(-1)=-2$	↗	极大值 $f(1)=2$	↘

由上表可知,该函数在 $x=-1$ 处取得极小值 -2,在 $x=1$ 处取得极大值 2.

例 5 求函数 $f(x)=x^4-2x^3$ 的极值.

解 (1) 函数的定义域为 $(-\infty,+\infty)$.

(2) $f'(x)=4x^3-6x^2=4x^2\left(x-\frac{3}{2}\right)$.

令 $f'(x)=0$,得 $x_1=0,x_2=\frac{3}{2}$.

(3) 列表:

x	$(-\infty,0)$	0	$\left(0,\frac{3}{2}\right)$	$\frac{3}{2}$	$\left(\frac{3}{2},+\infty\right)$
$f'(x)$	$-$	0	$-$	0	$+$
$f(x)$	↘	无极值	↘	极小值 $f\left(\frac{3}{2}\right)=-\frac{27}{16}$	↗

由上表可知，该函数在 $x=\frac{3}{2}$ 处取得极小值 $-\frac{27}{16}$.

定理 3.1.4（极值的第二充分条件） 设函数 $y=f(x)$ 在点 x_0 处具有二阶导数，且 $f'(x_0)=0$，$f''(x_0)\neq 0$.

(1) 若 $f''(x_0)>0$，则 $f(x)$ 在点 x_0 处取得极小值；

(2) 若 $f''(x_0)<0$，则 $f(x)$ 在点 x_0 处取得极大值.

证明从略.

注意 若函数 $f(x)$ 在点 x_0 处的一、二阶导数均为零，即 $f'(x_0)=0$ 且 $f''(x_0)=0$，则此时 $f(x)$ 在点 x_0 处可能取到极值，应考虑运用定理 3.1.3 进行判断.

例 6 例 3 的另一种解法.

解 函数的定义域为 $(-1,+\infty)$，

$$f'(x)=\frac{x}{1+x},f''(x)=\frac{1}{(1+x)^2}.$$

令 $f'(x)=0$，得 $x=0$，又 $f''(0)=1>0$，故 $f(0)$ 为极小值.

不难发现，在例 4 中，$f''(x)=12x(x-1)$，则有 $f''(0)=0$，此时若利用定理 3.1.4 将不能判别函数在 $x=0$ 处是否取得极值，必须用定理 3.1.3 才能判断出来.

3.1.3 函数的最值

在第 1 章，我们就已经知道闭区间 $[a,b]$ 上的连续函数一定可以取到最大值和最小值，而最值若在开区间 (a,b) 内取到，则必为极值，故此时最值必在驻点及导数不存在的点中取得. 另外，最值也可能在区间端点处取到.

由以上讨论可得求闭区间 $[a,b]$ 上连续函数 $f(x)$ 的最值的一般步骤如下：

(1) 求出 $f(x)$ 在开区间 (a,b) 内的驻点及导数不存在的点；

(2) 计算出函数 $f(x)$ 在以上各点及区间端点处的函数值，并比较之，其中最大者（最小者）即为 $f(x)$ 在闭区间 $[a,b]$ 上的最大值（最小值）.

例 7 求函数 $f(x)=x^3-3x$ 在$[0,2]$上的最值.

解 (1) $f'(x)=3x^2-3=3(x+1)(x-1)$,令 $f'(x)=0$,得$[0,2]$上的一个解 $x=1$($-1\notin[0,2]$,故略去).

(2) 计算驻点及区间端点对应的函数值:$f(1)=-2$,$f(0)=0$,$f(2)=2$. 比较之便得 $f(x)$在$[0,2]$上的最大值为 $f(2)=2$,最小值为 $f(1)=-2$.

在解决实际问题时,只需将实际问题转化成求某个函数在某个区间上的最值问题. 有时对某函数讨论的区间可能不是闭区间,但我们有如下结论:

(1) 若函数在某区间(闭区间$[a,b]$、开区间(a,b)或无穷区间)内可能的极值点唯一,则此时极大值点(极小值点)对应的函数值即为最大值(最小值).

(2) 若由分析得知,该实际问题确实存在最大值或最小值,且所讨论的区间内可能的极值点唯一,则该点对应的函数值一定为最大值或最小值.

例 8 从一块边长为 a 的正方形铁皮的四角上截去同样大小的正方形(图 3.1.5),然后按虚线把四边折起来做成一个无盖盒子,问要截去多大的小方块,才能使盒子的容积最大?

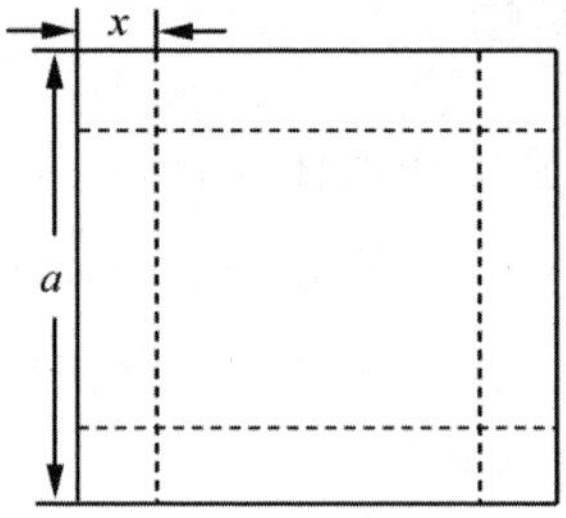

图 3.1.5

解 设截去小正方形的边长为 x,则盒子的容积为

$$V(x)=x(a-2x)^2,x\in\left(0,\frac{a}{2}\right).$$

这样问题就转化为求函数 $V(x)$在开区间$\left(0,\frac{a}{2}\right)$内的最大值,为此,求该函数的导数

$$V'(x)=(a-2x)^2-4x(a-2x)=12\left(x-\frac{a}{2}\right)\left(x-\frac{a}{6}\right).$$

令 $V'(x)=0$，在开区间 $\left(0,\frac{a}{2}\right)$ 内得唯一驻点：$x=\frac{a}{6}$. 又由实际问题可知 $V(x)$ 的最大值是存在的，故该函数在 $x=\frac{a}{6}$ 处取得最大值，即正方形的四个角各截去一块边长为 $\frac{a}{6}$ 的小正方形后，能做成容积最大的盒子.

§ 3.2　导数在经济中的应用

导数在工程、技术、科研、国防、医学、环保和经济管理等众多领域都有广泛应用. 下面主要介绍导数（或微分）在经济领域的一些简单应用.

3.2.1　边际分析和弹性分析

边际和弹性是经济学中的两个重要概念. 用导数来研究经济变量的边际与弹性的方法，称之为边际分析与弹性分析.

边际分析

1. 边际分析

定义 3.2.1　经济学中，把函数 $f(x)$ 的导函数 $f'(x)$ 称为 $f(x)$ 的**边际函数**. 在点 x_0 处的值 $f'(x_0)$ 称为在点 x_0 处的边际值（或变化率、变化速度等）.

$$f'(x_0)=\lim_{\Delta x\to 0}\frac{f(x_0+\Delta x)-f(x_0)}{\Delta x}.$$

在 $\Delta x\to 0$ 时，

$$\frac{f(x_0+\Delta x)-f(x_0)}{\Delta x}=f'(x_0)+\alpha\approx f'(x_0),$$

其中 α 为无穷小.

在经济学中，通常取 $\Delta x=1$，就认为 Δx 达到很小(再小无意义). 故有

$$f(x_0+1)-f(x_0)\approx f'(x_0),$$

即当自变量 x 在 x_0 的基础上再增加一个单位时，函数 $f(x)$ 的改变量等于 $f(x)$ 在点 x_0 处的边际值 $f'(x_0)$.

我们经常要用到的边际函数有边际成本 $C'(q)$、边际收入 $R'(q)$ 与边际利润 $L'(q)$. 在经济学中，边际成本 $C'(q)$ 定义为产量增加一个单位时所增加的成本；边际收入 $R'(q)$ 定义为一个单位产品所增加的销售收入；边际利润 $L'(q)$ 近似等于销售量为 q 时再多销售一个单位产品所增加(或减少)的利润. 这三个函数之间的关系如下：

$$L'(q)=R'(q)-C'(q),$$

即边际利润等于边际收入与边际成本之差.

例 1 某机械厂生产某种机器配件的最大生产能力为每日 100 件，假设日产品的总成本 C(元)与日产量 q(件)的函数为

$$C(q)=\frac{1}{4}q^2+60q+2\ 050.$$

求：(1) 日产量为 75 件时的总成本和平均成本；

(2) 当日产量由 75 件提高到 90 件时，总成本的平均改变量；

(3) 当日产量为 75 件时的边际成本.

解 (1) 日产量为 75 件时的总成本和平均成本分别为

$$C(75)=7\ 956.25(\text{元}),$$

$$\overline{C}=\frac{C(75)}{75}=106.08(\text{元/件}).$$

(2) 当日产量由 75 件提高到 90 件时，总成本的平均改变量

$$\frac{\Delta C}{\Delta q}=\frac{C(90)-C(75)}{90-75}=101.25(\text{元/件}).$$

(3) $\because C'(q)=\frac{1}{2}q+60,$

$$\therefore C'(75)=\left(\frac{1}{2}q+60\right)\bigg|_{q=75}=97.5(\text{元}).$$

所以，当日产量为 75 件时的边际成本为 97.5 元.

例 2　某糕点加工厂生产某种糕点的总成本函数和总收入函数分别是

$$C(q)=0.02q^2+2q+100, R(q)=0.01q^2+7q.$$

求边际利润函数和当日产量分别是 200 kg，250 kg 和 300 kg 时的边际利润，并说明其经济意义.

解　总利润函数为

$$L(q)=R(q)-C(q)=-0.01q^2+5q-100,$$

边际利润函数为

$$L'(q)=-0.02q+5,$$

所以当日产量分别是 200 kg，250 kg 和 300 kg 时的边际利润分别是：

$$L'(200)=(-0.02q+5)\big|_{q=200}=-0.02\times200+5=1,$$

$$L'(250)=(-0.02q+5)\big|_{q=250}=-0.02\times250+5=0,$$

$$L'(300)=(-0.02q+5)\big|_{q=300}=-0.02\times300+5=-1.$$

其经济意义：当日产量为 200 kg 时，再增加 1 kg，则总利润可增加 1 元；当日产量为 250 kg 时，再增加 1 kg，则总利润无增加；当日产量为 300 kg 时，再增加 1 kg，则反而亏损 1 元.

结论：当企业的某一产品的生产量超越了边际利润的零点时 $(L'(q)=0)$，反而使企业无利可图.

2. 弹性分析

弹性分析主要用于对生产、供给、需求等问题的研究. 弹性是用来描述一个经济变量相对于另一个经济变量变化时，所作出反应的强弱程度. 即弹性是用来描述一个量对另一个量的相对变化率的一个量.

弹性分析

定义 3.2.2　若函数 $y=f(x)$ 在点 $x_0\,(x_0\neq0)$ 的附近有定义，则称 Δx 和 Δy 分别是 x 和 y 在点 x_0 处的**绝对改变量**，并称 $\dfrac{\Delta x}{x_0}$ 与 $\dfrac{\Delta y}{y_0}=\dfrac{f(x_0+\Delta x)-f(x_0)}{f(x_0)}$ 分别为自变量 x 与函数 y 在点 x_0 处的

相对改变量.

定义 3.2.3 设 $y=f(x)$ 当 $\Delta x\to 0$ 时，如果极限

$$\lim_{\Delta x\to 0}\frac{\Delta y/y}{\Delta x/x}$$

存在，则称极限值为函数 $y=f(x)$ 在点 x 处的**弹性**，记为 $E(x)$.

由弹性定义可知，若 $y=f(x)$ 在点 x 处可导，则它在点 x 处的弹性为

$$E(x)=\lim_{\Delta x\to 0}\frac{\Delta y/y}{\Delta x/x}=\lim_{\Delta x\to 0}\frac{\Delta y}{\Delta x}\cdot\frac{x}{y}=\frac{x}{y}\frac{\mathrm{d}y}{\mathrm{d}x}=\frac{x}{y}f'(x).$$

在点 x_0 处的弹性的经济意义是：在点 x_0 处，当 x 发生 1%的改变，则 $f(x)$就会发生 $E(x_0)$%的改变.

由需求函数 $Q=Q(p)$可得**需求弹性**为

$$E_Q=\frac{p}{Q}\frac{\mathrm{d}Q}{\mathrm{d}p}=p\frac{Q'}{Q}.$$

根据经济理论，需求函数是单调减少函数，所以需求弹性一般都为负值.

利用供给函数 $S=S(p)$，同样可定义**供给弹性**

$$E_S=\frac{p}{S}\frac{\mathrm{d}S}{\mathrm{d}p}=p\frac{S'}{S}.$$

例 3 某日用消费品的需求量 Q(件)与单价 p(元)的关系为 $Q(p)=a\left(\frac{1}{2}\right)^{\frac{p}{3}}$($a$ 是常数)，求：

(1) 需求弹性函数；

(2) 当单价分别是 4 元、4.35 元、5 元时的需求弹性.

解 (1) $Q'(p)=a\left(\frac{1}{2}\right)^{\frac{p}{3}}\ln\frac{1}{2}\cdot\left(\frac{p}{3}\right)'=\frac{1}{3}a\left(\frac{1}{2}\right)^{\frac{p}{3}}\ln\frac{1}{2}$，

所以

$$E_Q=p\frac{Q'}{Q}=p\frac{\frac{1}{3}a\left(\frac{1}{2}\right)^{\frac{p}{3}}\ln\frac{1}{2}}{a\left(\frac{1}{2}\right)^{\frac{p}{3}}}=\frac{1}{3}p\ln\frac{1}{2}\approx -0.23p.$$

(2) $E_Q\big|_{p=4}=-0.92$，$E_Q\big|_{p=4.35}=-1$，$E_Q\big|_{p=5}=-1.15$.

在商品经济中，商品经营者关心的是提价($\Delta p>0$)或降价

($\Delta p<0$)对总收入的影响. 下面利用需求弹性的概念，可以得出价格变动如何影响销售收入的结论.

价格 p 的微小变化($|\Delta p|$很小时)而引起的需求量的改变程度

$$\Delta Q\approx \mathrm{d}Q=\frac{\mathrm{d}Q}{\mathrm{d}p}\Delta p=\frac{p}{Q}\cdot\frac{\mathrm{d}Q}{\mathrm{d}p}\cdot\frac{\Delta p}{p}\cdot Q=E_Q\cdot\frac{\Delta p}{p}\cdot Q,$$

需求量的相对改变量为

$$\frac{\Delta Q}{Q}\approx E_Q\cdot\frac{\Delta p}{p}.$$

销售收入为 $R(p)=pQ$,

$$\begin{aligned}\Delta R&=\Delta(pQ)\approx \mathrm{d}(pQ)=Q\mathrm{d}p+p\mathrm{d}Q=(1+E_Q)Q\mathrm{d}p\\&=(1+E_Q)Q\Delta p\ (E_Q<0).\end{aligned}$$

从而有如下结论：

(1) 若$|E_Q|>1$(称为高弹性)，则 ΔR 与 Δp 异号. 此时，降价($\Delta p<0$)将使收入增加，提价($\Delta p>0$)将使收入减少.

(2) 若$|E_Q|<1$(称为低弹性)，则 ΔR 与 Δp 同号. 此时，降价($\Delta p<0$)将使收入减少，提价($\Delta p>0$)将使收入增加.

(3) 若$|E_Q|=1$(称为单位弹性)，则 $\Delta R\approx 0$，此时，无论是降价还是提价，均对收入没有明显的影响.

由此对例 3 而言：

当 $p=4$ 时，$|E_Q|=0.92<1$(低弹性)，此时降价使收入减少，提价使收入增加.

当 $p=4.35$ 时，$|E_Q|=1$(单位弹性)，此时无论是降价还是提价均对收入没有明显的影响.

当 $p=5$ 时，$|E_Q|=1.15>1$(高弹性)，此时降价使收入增加，提价使收入减少.

例 4　某商品的需求量为 2 660 个单位，需求弹性为 -1.4，若该商品价格计划上涨 8%(假设其他条件不变)，问该商品的需求量会降低多少？

解　$\dfrac{\Delta p}{p}=8\%$，$E_Q=-1.4$，则

$$\Delta Q \approx E_Q \cdot \frac{\Delta p}{p} \cdot Q = (-1.4) \times 8\% \times 2\,660 = -298,$$

所以该商品的需求量会降低 298 个单位.

可用类似的方法,对供给函数、成本函数等常用经济函数进行弹性分析,以预测市场的饱和状态及商品的价格变动等.

3.2.2 函数最值在经济中的应用

函数最值在经济中的应用

在经济管理中,需要寻求企业的最小生产成本或制定获得最大利润的一系列价格策略等.这些问题都可归结为求函数的最大值和最小值问题.下面举例说明函数最值在经济中的应用.

1. 平均成本最小

例 5 某厂每周生产 q(单位:件)产品的总成本 C(单位:元)是产量的函数

$$C = C(q) = 100 + 12q + q^2.$$

求该厂生产多少件产品时,平均成本达到最小;并求出其最小平均成本和相应的边际成本.

解 平均成本函数为

$$\overline{C} = \frac{C(q)}{q} = \frac{100}{q} + 12 + q,$$

故
$$\overline{C}' = -\frac{100}{q^2} + 1.$$

令 $\overline{C}' = -\frac{100}{q^2} + 1 = 0$,得驻点 $q = 10$,又因为 $\overline{C}'' = \frac{200}{q^3} > 0$,且驻点只有唯一的一个,所以在驻点 $q = 10$ 处取到最小值,因此最小平均成本为 32 元/件.

因为

$$C' = (100 + 12q + q^2)' = 12 + 2q,$$

所以相应的边际成本为

$$C'|_{q=10} = 12 + 20 = 32(\text{元/件}).$$

显然最小平均成本等于其相应的边际成本.

2. 最大利润

设总成本函数为 $C=C(q)$，总收入函数为 $R=R(q)$，其中 q 为产量，则在假设产量和销量一致的情况下，总利润函数为

$$L(q)=R(q)-C(q).$$

假设产量为 q_0 时，利润达到最大，则由极值的必要条件和极值的第二充分条件，$L=L(q)$ 必定满足：

$$L'(q)\big|_{q=q_0}=R'(q_0)-C'(q_0)=0,$$

$$L''(q)\big|_{q=q_0}=R''(q_0)-C''(q_0)<0.$$

可见，当产量水平 $q=q_0$ 使得边际收入等于边际成本时，可获得最大利润.

例 6　某商家销售某种商品的价格满足关系 $p=7-0.2q$（万元/吨），且 q 为销售量（单位：吨），商品的成本函数为 $C=C(q)=3q+1$（万元）.

(1) 若每销售一吨商品，政府要征税 x（万元），求该商家获最大利润时的销售量；

(2) 问 x 为何值时，政府税收总额最大？

解　(1) 当该商品的销售量为 q 时，商品销售总收入为

$$R=R(q)=p\cdot q=(7-0.2q)\cdot q=7q-0.2q^2.$$

设政府征的总税额为 T，则有 $T=xq$，且利润函数为

$$L(q)=R(q)-C(q)-T=-0.2q^2+(4-x)q-1.$$

$$L'(q)=-0.4q+4-x.$$

令 $L'(p)=0$，得驻点

$$q=\frac{5}{2}(4-x).$$

而 $L''(q)=-0.4<0$，且驻点是唯一的.

所以 $L(q)$ 在驻点 $q=\frac{5}{2}(4-x)$ 处取到最大值.

即 $q=\frac{5}{2}(4-x)$ 是使商家获得最大利润的销售量.

(2) 由(1)的结果知，政府税收总额为

$$T=xq=\frac{5}{2}x(4-x).$$

令

$$T'=10-5x=0,$$

得唯一驻点 $x=2$.

又因为 $T''=-5<0$,所以当 $x=2$ 时,政府税收总额最大.

但须指出的是:为了使商家在纳税的情况下仍能获得最大利润,就应使

$$q=\frac{5}{2}(4-x)>0,$$

即 x 满足限制条件 $0<x<4$,显然 $x=2$ 并未超出 x 限制的范围.

3. 最佳存款利息

例 7 某家银行准备新设某种定期存款业务.假设存款量与利率成正比,经预测贷款投资的收益率为 16%,那么存款利息定为多少时,才能收到最大的贷款纯收益?

解 设存款利率为 x,存款总额为 M,则由题意 M 与 x 成正比,得

$$M=kx\ (k>0).$$

若贷款总额为 M,则银行的贷款收益为

$$0.16M=0.16kx.$$

而这笔贷款 M 要付给储户的利息为

$$xM=kx^2.$$

从而银行的投资纯收益为

$$f(x)=0.16kx-kx^2.$$

$$f'(x)=0.16k-2kx.$$

令 $f'(x)=0$,得唯一驻点 $x=0.08$.

又因为 $f''(x)=-2k<0$,所以在驻点 $x=0.08$ 处 $f(x)$ 取到最大值.

故当存款利率为 8%时,可创最高投资纯收益.

4. 最佳批量与批数

例 8　某厂年需某种零件 8 000 个，现分期分批外购，然后均匀投入使用(此时平均库存量为批量的一半). 若每次订货的手续费为 40 元，每个零件的库存费为 4 元. 试求最经济的订货批量和进货批数.

解　设每年的库存费和订货的手续费为 C，进货的批数为 x，则批量为 $\frac{8\ 000}{x}$ 个，且

$$C=C(x)=\frac{8\ 000}{x}\cdot\frac{1}{2}\cdot 4+40x=\frac{16\ 000}{x}+40x.$$

$$C'=C'(x)=-\frac{16\ 000}{x^2}+40.$$

令 $C'(x)=0$，得唯一驻点 $x=20$.

又因为 $C''(x)=\frac{32\ 000}{x^3}>0$，所以在驻点 $x=20$ 处 $C(x)$ 取到最小值.

因而当进货的批数为 20 批，即订货批量为 400 个时，每年的库存费和订货的手续费最少(最经济).

企业在正常生产的经营活动中，库存是必要的，但库存太多会使资金积压、商品陈旧变质，造成浪费，因此确定最适当的库存量是很重要的.

本章内容精要

本章主要介绍了怎样利用导数来研究函数的一些重要特性及导数在经济领域的应用.

1. 基本概念

极值点、驻点、极值、最值、边际函数、弹性.

2. 基本计算方法

函数单调区间的求法、极值点或极值的求法、闭区间上连续函数的最值求法、实际问题中最值的求法、边际函数的求法、弹性的求法、经济函数最值的求法.

习题 3

1. 求下列函数的单调区间：

(1) $f(x)=x^4-8x^2+5$；

(2) $f(x)=x+\sqrt{x-1}$；

(3) $f(x)=2x^2-\ln x$；

(4) $f(x)=(2x+1)^2(x-2)^3$.

2. 已知 $f(x)=x^3+ax^2+bx$ 在 $x=1$ 处有极值 1，试确定常系数 a 与 b.

3. 设 $f'(x)$的图象如下图所示，根据该图象指出函数 $f(x)$的单调区间和极值点.

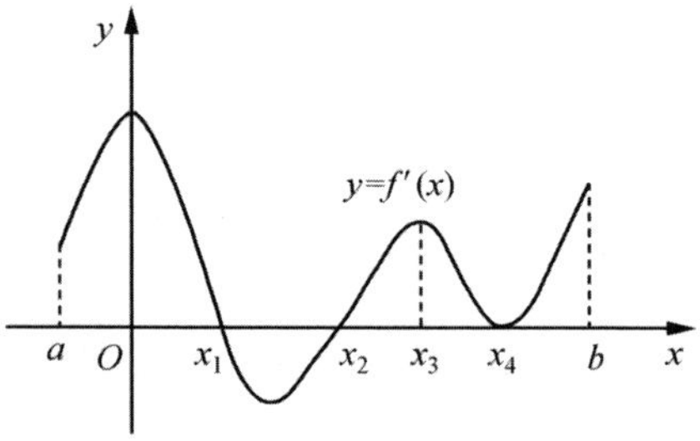

题 3 图

4. 求下列函数的极值：

(1) $y=x^3-6x^2+9x$；

(2) $y=(x^2-1)^3+1$；

(3) $y=(x-1)(x+2)^3$；

(4) $y=(x+1)^2e^{-x}$；

(5) $y=\arctan x-\frac{1}{2}\ln(1+x^2)$；

(6) $y=2e^x+e^{-x}$.

5. 求下列函数在给定区间上的最大值和最小值：

(1) $f(x)=x^5-5x^4+5x^3+1, x\in[-1,2]$；

(2) $y=x^4-2x^2+5, x\in[-2,2]$；

(3) $f(x)=e^{x^3}, x\in[0,1]$.

6. 设圆柱形有盖茶缸容积 V 为常数，求表面积最小时底半径 x 与高 y 之比.

7. 某化工厂日产能力最高为 1 000 吨，每日产品的总成本 C(单位：元)是日产量 q(单位：吨)的函数

$$C=C(q)=1\ 000+7q+50\sqrt{q},q\in[0,1\ 000].$$

(1) 求当日产量为 100 吨时的边际成本；

(2) 求当日产量为 100 吨时的平均单位成本.

8. 某商品的价格 P 关于需求量 Q 的函数为 $P=10-\frac{Q}{5}$，求：

(1) 总收入函数、平均收入函数和边际收入函数；

(2) 当 $Q=20$ 个单位时的总收入、平均收入和边际收入.

9. 设巧克力糖每周的需求量 Q(单位:kg)是价格 p(单位:元)的函数

$$Q=f(p)=\frac{1\ 000}{(2p+1)^2}.$$

求当 $p=10$(元)时巧克力糖的边际需求量,并说明其经济意义.

10. 设某商品的需求函数为 $Q=e^{-\frac{p}{5}}$,求:

(1) 需求弹性函数;

(2) $p=3,5,6$ 时的需求弹性,并说明其经济意义.

11. 某商品的需求量 Q 为价格 p 的函数：

$$Q=150-2p^2.$$

求：(1) 当 $p=6$ 时的边际需求量，并说明其经济意义；

(2) 当 $p=6$ 时的需求弹性，并说明其经济意义；

(3) 当 $p=6$ 时，若价格下降 2%，总收入将变化百分之几？是增加还是减少？

12. 假设某种商品的需求量 Q 是单价 p 的函数：$Q=12\ 000-80p$，商品的总成本 C 是需求量 Q 的函数：$C=25\ 000+50Q$，每单位商品需纳税 2 元，试求使销售利润最大的商品价格和最大利润.

13. 设价格函数 $P=15e^{-\frac{Q}{3}}$（Q 为产量），求最大收入时的产量、价格和收入.

14. 某工厂生产某种商品，其年销售量为 100 万件，分为 N 批生产，每批生产需要增加生产准备费 1 000 元，而每件商品的一年库存费为 0.05 元，如果年销售率是均匀的，且上批售完后立即生产出下批（此时商品的库存量的平均值为商品批量的一半）. 问 N 为何值时，才能使生产准备费与库存费两项之和最小？

15. 设某企业在生产一种商品 q 件时的总收益为 $R(q)=100q-q^2$，总成本函数为 $C(q)=200+50q+q^2$，问政府对每件商品征收货物税为多少时，在企业获得最大利润的情况下，总税额最大？

16. 设生产某商品的总成本为 $C(q)=10\ 000+50q+q^2$（q 为产量），问产量为多少时，每件产品的平均成本最低？

第 4 章
不定积分

前两章讨论一元函数微分学的理论及其应用，本章我们将讨论一元函数的积分学. 一元函数积分学分为不定积分与定积分两部分内容.

本章将介绍不定积分的基本概念、基本性质、基本积分方法.

§4.1　不定积分的概念

原函数的定义

4.1.1　原函数和不定积分的概念

定义 4.1.1　设 $f(x)$ 在区间 I 上有定义，如果存在可导函数 $F(x)$，使得对任意的 $x\in I$，有

$$F'(x)=f(x),$$

那么，称 $F(x)$ 为 $f(x)$ 在区间 I 上的一个**原函数**.

例如，因为在 $(-\infty,+\infty)$ 上有 $(\sin x)'=\cos x$，所以 $\sin x$ 是 $\cos x$ 在 $(-\infty,+\infty)$ 上的一个原函数；因为在 $(-\infty,+\infty)$ 上有 $(x^2+3x-4)'=2x+3$，所以 x^2+3x-4 是 $2x+3$ 在 $(-\infty,+\infty)$ 上的一个原函数；因为在 $(-1,1)$ 上有 $(\arcsin x)'=\dfrac{1}{\sqrt{1-x^2}}$，所以

$\arcsin x$ 是$\dfrac{1}{\sqrt{1-x^2}}$在$(-1,1)$内的一个原函数.

定理 4.1.1 如果 $f(x)$在区间 I 上存在原函数 $F(x)$,那么 $F(x)+C$ 为$f(x)$在区间 I 上的全部原函数,其中 C 为任意常数.

就像我们用 $f'(x)$或$\dfrac{\mathrm{d}f}{\mathrm{d}x}$表示函数 $f(x)$的导数一样,我们也需要引进一个符号,用它表示“函数 $f(x)$在区间 I 上的全体原函数”,从而产生了不定积分的概念.

不定积分的概念

定义 4.1.2 如果 $f(x)$在区间 I 上存在原函数,那么 $f(x)$在区间 I 上的全体原函数记为

$$\int f(x)\mathrm{d}x,$$

并称它为 $f(x)$在区间 I 上的**不定积分**,这时称 $f(x)$在区间 I 上**可积**,即

$$\int f(x)\mathrm{d}x = F(x)+C.$$

其中:$\int$ 称为**积分号**,$f(x)$ 称为**被积函数**,x 称为**积分变量**,$f(x)\mathrm{d}x$称为**被积表达式**,C 称为**积分常数**.

值得特别指出的是:$\int f(x)\mathrm{d}x = F(x)+C$表示“$f(x)$在区间 I 上的所有原函数”,因此等式中的积分常数是不可遗漏的.

下面我们介绍几个简单实例.

例 1 求$\int \cos x\mathrm{d}x$.

解 因为$(\sin x)'=\cos x$,所以$\int \cos x\mathrm{d}x = \sin x + C$.

例 2 求$\int x^t\mathrm{d}x(t \neq -1)$.

解 幂函数的导数$(x^t)'=tx^{t-1}$,也就是说幂函数求导数是降幂,当然就有$\left(\dfrac{1}{1+t}x^{t+1}\right)'=x^t$,所以

$$\int x^t\mathrm{d}x = \frac{1}{1+t}x^{t+1} + C.$$

4.1.2　不定积分的基本公式

不定积分是求导数的逆运算，因此，我们把导数的基本公式倒过来写，不难得到不定积分的基本公式：

(1) $\int k\mathrm{d}x = kx + C$；

(2) $\int x^t \mathrm{d}x = \frac{1}{1+t}x^{t+1} + C\ (t \neq -1)$；

(3) $\int \frac{1}{x}\mathrm{d}x = \ln|x| + C$；

(4) $\int a^x \mathrm{d}x = \frac{1}{\ln a}a^x + C(a > 0, a \neq 1)$；

(5) $\int \mathrm{e}^x \mathrm{d}x = \mathrm{e}^x + C$；

(6) $\int \sin x\mathrm{d}x = -\cos x + C$；

(7) $\int \cos x\mathrm{d}x = \sin x + C$；

(8) $\int \sec^2 x\mathrm{d}x = \tan x + C$；

(9) $\int \csc^2 x\mathrm{d}x = -\cot x + C$；

(10) $\int \sec x\tan x\mathrm{d}x = \sec x + C$；

(11) $\int \csc x\cot x\mathrm{d}x = -\csc x + C$；

(12) $\int \frac{1}{\sqrt{1-x^2}}\mathrm{d}x = \arcsin x + C = -\arccos x + C$；

(13) $\int \frac{1}{1+x^2}\mathrm{d}x = \arctan x + C = -\mathrm{arccot}\, x + C$.

上述积分公式是最基本的积分公式，它的作用类似于算术运算中“九九表”. 如果“九九表”记不熟，能顺利地进行乘法运算是一件很难想象的事情. 同样的道理，如果上述基本积分公式记不熟，不定积分的计算就难以进行下去. 以后我们在计算不定积分时，最终都要化为基本积分公式表中的形式，因此，上述基本公式必须熟记. 我们通常称上述基本积分公式为**基本积分表**.

例 3 求下列积分:

(1) $\int \frac{1}{x^2}\mathrm{d}x$; (2) $\int x^2\sqrt{x}\mathrm{d}x$;

(3) $\int \frac{1}{x\sqrt[3]{x}}\mathrm{d}x$.

解 (1) $\int \frac{1}{x^2}\mathrm{d}x = \int x^{-2}\mathrm{d}x = \frac{x^{-2+1}}{-2+1} + C = -\frac{1}{x} + C$.

(2) $\int x^2\sqrt{x}\mathrm{d}x = \int x^{\frac{5}{2}}\mathrm{d}x = \frac{x^{\frac{5}{2}+1}}{\frac{5}{2}+1} + C = \frac{2}{7}x^{\frac{7}{2}} + C$.

(3) $\int \frac{1}{x\sqrt[3]{x}}\mathrm{d}x = \int x^{-\frac{4}{3}}\mathrm{d}x = \frac{x^{-\frac{4}{3}+1}}{-\frac{4}{3}+1} + C = -3x^{-\frac{1}{3}} + C$.

4.1.3 不定积分的性质

不定积分的性质

由不定积分的定义不难得到:

性质 1 $\left[\int f(x)\mathrm{d}x\right]' = f(x)$ 或者 $\mathrm{d}\int f(x)\mathrm{d}x = f(x)\mathrm{d}x$.

性质 2 $\int f'(x)\mathrm{d}x = f(x) + C$ 或者 $\int \mathrm{d}f(x) = f(x) + C$.

这两个等式再次表明了导数或微分与不定积分互为逆运算的关系.

事实上,根据不定积分的定义,如果 $F(x)$ 是 $f(x)$ 的一个原函数,即 $F'(x)=f(x)$,那么

$$\left[\int f(x)\mathrm{d}x\right]' = [F(x)+C]' = F'(x) = f(x)$$

或者

$$\mathrm{d}\left[\int f(x)\mathrm{d}x\right] = \left[\int f(x)\mathrm{d}x\right]'\mathrm{d}x = f(x)\mathrm{d}x.$$

性质 3 $\int kf(x)\mathrm{d}x = k\int f(x)\mathrm{d}x$,其中 k 为非零常数.

性质 4 $\int [f(x) \pm g(x)]\mathrm{d}x = \int f(x)\mathrm{d}x \pm \int g(x)\mathrm{d}x$.

性质 4 对于有限个函数的和都是成立的.

例 4　计算下列积分:

(1) $\int(\sin x+x^3-e^x)dx$;　　(2) $\int(1+\sqrt[3]{x})^2dx$;

(3) $\int\cos^2\frac{x}{2}dx$;　　(4) $\int(5^x+\tan^2x)dx$.

解　(1) $\int(\sin x+x^3-e^x)dx=\int\sin x dx+\int x^3dx-\int e^x dx$

$$=-\cos x+\frac{1}{4}x^4-e^x+C.$$

(2) $\int(1+\sqrt[3]{x})^2dx=\int(1+2x^{\frac{1}{3}}+x^{\frac{2}{3}})dx$

$$=x+\frac{3}{2}x^{\frac{4}{3}}+\frac{3}{5}x^{\frac{5}{3}}+C.$$

(3) $\int\cos^2\frac{x}{2}dx=\int\frac{1+\cos x}{2}dx=\frac{1}{2}\int dx+\frac{1}{2}\int\cos x dx$

$$=\frac{1}{2}x+\frac{1}{2}\sin x+C.$$

(4) $\int(5^x+\tan^2x)dx=\int 5^x dx+\int(\sec^2x-1)dx$

$$=\frac{1}{\ln 5}5^x+\tan x-x+C.$$

对于不定积分的计算,合理地进行一些恒等变换,有时是必要的.这些基本变换方法只有通过加强练习才能得以掌握和运用,只有在练习过程中多进行归纳和总结,才能提高自己解决问题的能力,才能寻求出适合自己的解题方法.

§4.2 不定积分的换元积分法

有一些不定积分，虽然不能利用直接积分法进行计算，但是通过适当的变量代换后可以用直接积分法进行计算.

例如，$\int \cos 3x\mathrm{d}x$ 的计算，在积分基本公式中只有$\int \cos x\mathrm{d}x = \sin x + C$. 为了应用这个公式，可进行如下变换：

$$\int \cos 3x\mathrm{d}x = \int \cos 3x \cdot \frac{1}{3}\,\mathrm{d}(3x) \xlongequal{\text{令 } 3x = u} \frac{1}{3}\int \cos u\mathrm{d}u$$

$$= \frac{1}{3}\sin u + C \xlongequal{u = 3x \text{ 回代}} \frac{1}{3}\sin 3x + C.$$

因为$\left(\frac{1}{3}\sin 3x+C\right)'=\cos 3x$，所以$\int \cos 3x\mathrm{d}x = \frac{1}{3}\sin 3x+C$是正确的.

对于一般情况，有如下定理：

换元积分法

定理 4.2.1(不定积分的换元积分法) 若 $f(u)$存在原函数$F(u)$，$u=\varphi(x)$存在连续导数 $\varphi'(x)$，则

$$\int f(\varphi(x))\varphi'(x)\mathrm{d}x = \int f(\varphi(x))\mathrm{d}\varphi(x) = \int f(u)\mathrm{d}u$$

$$= F(u) + C = F(\varphi(x)) + C.$$

用上式求不定积分的方法称为**换元积分法**.

不定积分的换元积分法的积分思路是：首先在被积函数中分解一个“因式”出来，再把这个因式按微分意义放到微分符号里面去，使得微分符号里面的这个函数形成一个新的积分变量，在新的积分变量下，积分变得简单了.

下面我们以具体的例子来说明如何应用不定积分的换元积分法.

例 1　计算$\int(5+x)^{10}\mathrm{d}x$.

解　如果注意到 $\mathrm{d}x=\mathrm{d}(x+5)$ 的微分性质,问题就很好解决了. 只要令 $u=5+x$,就有

$$\int(5+x)^{10}\mathrm{d}x=\int(5+x)^{10}\mathrm{d}(5+x)=\int u^{10}\mathrm{d}u$$

$$=\frac{1}{11}u^{11}+C=\frac{1}{11}(x+5)^{11}+C.$$

需要指出的是:在今后不定积分的计算过程中,可以根据需要在微分 $\mathrm{d}x$ 的变量 x 后面加上任意一个需要的常数,此时有

$$\mathrm{d}x=\mathrm{d}(x+C).$$

例 2　计算$\int \mathrm{e}^{6x}\mathrm{d}x$.

解　被积函数 e^{6x} 是由 e^{u} 和 $u=6x$ 复合而成的,如果把 $\mathrm{d}u$ 凑成 $\mathrm{d}(6x)$,其关系式为 $\mathrm{d}x=\frac{1}{6}\mathrm{d}(6x)$,于是

$$\int \mathrm{e}^{6x}\mathrm{d}x=\int\frac{1}{6}\mathrm{e}^{6x}\mathrm{d}(6x)=\frac{1}{6}\int \mathrm{e}^{u}\mathrm{d}u=\frac{1}{6}\mathrm{e}^{u}+C=\frac{1}{6}\mathrm{e}^{6x}+C.$$

更一般地,当被积函数形如 $f(ax+b)$ 时,被积表达式 $f(ax+b)\mathrm{d}x$ 可凑成$\frac{1}{a}f(ax+b)\mathrm{d}(ax+b)$的形式,即转换成$\frac{1}{a}f(u)\mathrm{d}u$ 的形式.

可见,不定积分的换元积分法的关键是:把被积表达式凑成两部分,一部分为 $\mathrm{d}\varphi(x)$,另一部分为 $\varphi(x)$ 的函数 $f(\varphi(x))$,且 $f(u)$ 的原函数易于求得. 因此,不定积分的换元积分法又形象地被称为**凑微分法**.

为了用好凑微分法,我们要记住一些常用的微分式子:

(1) $\mathrm{d}x=\frac{1}{a}\mathrm{d}(ax+c)$;　　(2) $x\mathrm{d}x=\frac{1}{2}\mathrm{d}(x^2)$;

(3) $\frac{1}{x}\mathrm{d}x=\mathrm{d}(\ln|x|)$;　　(4) $\frac{1}{\sqrt{x}}\mathrm{d}x=2\mathrm{d}(\sqrt{x})$;

(5) $\frac{1}{x^2}\mathrm{d}x=-\mathrm{d}\left(\frac{1}{x}\right)$;　　(6) $\frac{1}{1+x^2}\mathrm{d}x=\mathrm{d}(\arctan x)$;

(7) $\frac{1}{\sqrt{1-x^2}}dx=d(\arcsin x)$；(8) $e^x dx=d(e^x)$；

(9) $\sin x dx=-d(\cos x)$；　　(10) $\cos x dx=d(\sin x)$；

(11) $\sec^2 x dx=d(\tan x)$；　　(12) $\csc^2 x dx=-d(\cot x)$；

(13) $\sec x\tan x dx=d(\sec x)$；　(14) $\csc x\cot x dx=-d(\csc x)$.

读者注意到了吗？凑微分后得到的微分式子与将其积分后得到的结果是一样的，所以上述微分式子可以与积分公式联系起来记.

在应用凑微分法比较熟练后，我们可以省略变量的代换过程，从而简化积分的计算过程，使得积分的计算较为简洁.

例 3　计算$\int 2xe^{x^2}dx$.

解　$\int 2xe^{x^2}dx=\int e^{x^2}dx^2=e^{x^2}+C$.

例 4　计算$\int \tan x dx$.

解
$$\int \tan x dx=\int\frac{\sin x}{\cos x}dx=-\int\frac{1}{\cos x}d(\cos x)$$
$$=-\ln|\cos x|+C.$$

用同样的方法可求出：

$$\int \cot x dx=\int\frac{\cos x}{\sin x}dx=\int\frac{1}{\sin x}d(\sin x)=\ln|\sin x|+C.$$

例 5　计算$\int\frac{1}{a^2+x^2}dx$.

解
$$\int\frac{1}{a^2+x^2}dx=\int\frac{1}{a^2}\frac{1}{1+\left(\frac{x}{a}\right)^2}dx=\frac{1}{a}\int\frac{1}{1+\left(\frac{x}{a}\right)^2}d\left(\frac{x}{a}\right)$$
$$=\frac{1}{a}\arctan\frac{x}{a}+C.$$

例 6　计算$\int\frac{1}{x\ln x}dx$.

解　在这个问题中，如果能注意到$(\ln x)'=\frac{1}{x}$或$\frac{1}{x}dx=d(\ln x)$，则问题就不难解决了. 即

$$\int \frac{1}{x\ln x}\mathrm{d}x = \int \frac{1}{\ln x}\mathrm{d}(\ln x) = \ln|\ln x| + C.$$

不定积分换元积分法是计算积分的一种常用的方法，但是它的技巧性相当强，这不仅要求熟练掌握积分的基本公式，还要有一定的分析能力，要熟悉许多恒等式及微分公式. 这里没有一个可以普遍遵循的规律，即使同一个问题，解决者选择的切入点不同，解决途径也就不同，难易程度和计算量也会大不相同.

§ 4.3　不定积分的分部积分法

一、不定积分的分部积分法

不定积分的分部积分法

前面介绍的积分方法，都是把一种类型的积分转换成另一种便于计算的积分. 鉴于这样一种思想，借助两个函数乘积的求导法则，可实现另一种类型的积分转换，这就是我们将要介绍的分部积分法.

分部积分法是不定积分中另一个重要的积分法，它对应于两个函数乘积的求导法则. 现在让我们回忆一下两个函数乘积的求导法则. 设 u,v 可导，那么

$$(uv)' = u'v + uv'.$$

如果 u',v' 连续，那么对上式两边积分，有

$$\int (uv)'\mathrm{d}x = \int u'v\mathrm{d}x + \int uv'\mathrm{d}x,$$

即

$$\int uv'\mathrm{d}x = uv - \int u'v\mathrm{d}x.$$

这就是我们所说的**分部积分公式**.

我们把这个公式略微变换一下，有

$$\int u\mathrm{d}v = uv - \int v\mathrm{d}u.$$

我们在积分计算中常常会遇到积分 $\int u\mathrm{d}v$ 很难计算，而把“微分符号”里外的两个函数 u、v 互换一下位置之后，积分就变得非常简单的情况.

例如，直接计算 $\int x\mathrm{d}(\mathrm{e}^x)$ 没有好办法，当把 x 和 e^x 互换位置之后，得到的积分是 $\int \mathrm{e}^x\mathrm{d}x$，而这个积分的计算就变得非常简单了. 应用分部积分法求积分，就是要达到简化积分的目的.

下面通过具体的实例，说明分部积分法的一般处理原则.

例 1 计算 $\int x\mathrm{e}^x\mathrm{d}x$.

解 $\int x\mathrm{e}^x\mathrm{d}x = \int x\mathrm{d}(\mathrm{e}^x) = x\mathrm{e}^x - \int \mathrm{e}^x\mathrm{d}x = x\mathrm{e}^x - \mathrm{e}^x + C.$

在上面这个例题中，如果采用另一种变换方法，将 x 放到微分符号里面去，就有

$$\begin{aligned}\int x\mathrm{e}^x\mathrm{d}x &= \int \mathrm{e}^x\mathrm{d}\left(\frac{1}{2}x^2\right) = \frac{1}{2}x^2\mathrm{e}^x - \frac{1}{2}\int x^2\mathrm{d}(\mathrm{e}^x)\\ &= \frac{1}{2}x^2\mathrm{e}^x - \frac{1}{2}\int x^2\mathrm{e}^x\mathrm{d}x.\end{aligned}$$

这样做，非但没有解决问题，反而使得积分式比原来的积分式更复杂了. 按这样的选择方式进行下去，是解决不了问题的.

这个事实说明，合理选择一个函数，在微分意义下放到微分符号里面去，是用分部积分法解决计算问题的关键.

一般而言，对形如 $\int f(x)\mathrm{e}^{ax}\mathrm{d}x$ 的积分计算，先把它转换成 $\int f(x)\mathrm{d}\left(\frac{1}{a}\mathrm{e}^{ax}\right)$ 后，再用分部积分法.

例 2　计算$\int x\sin x\mathrm{d}x$.

解　$\int x\sin x\mathrm{d}x = -\int x\mathrm{d}(\cos x) = -x\cos x + \int \cos x\mathrm{d}x$

$$= -x\cos x + \sin x + C.$$

一般而言,对形如$\int f(x)\sin ax\mathrm{d}x$或$\int f(x)\cos bx\mathrm{d}x$的积分计算,先把积分化为$\int f(x)\mathrm{d}\left(-\frac{1}{a}\cos ax\right)$或$\int f(x)\mathrm{d}\left(\frac{1}{b}\sin bx\right)$,然后再用分部积分法.

例 3　计算$\int \ln x\mathrm{d}x$.

解　$\int \ln x\mathrm{d}x = x\ln x - \int x\mathrm{d}(\ln x) = x\ln x - \int x\frac{1}{x}\mathrm{d}x$

$$= x\ln x - \int \mathrm{d}x = x\ln x - x + C.$$

一般而言,对形如$\int f(x)\ln x\mathrm{d}x$的积分计算,先把积分转换成$\int \ln x\mathrm{d}F(x)$之后($\mathrm{d}F(x) = f(x)\mathrm{d}x$),再考虑用分部积分法.

例 4　计算$\int x\arctan x\mathrm{d}x$.

解　$\int x\arctan x\mathrm{d}x = \frac{1}{2}\int \arctan x\mathrm{d}(x^2)$

$$= \frac{1}{2}x^2\arctan x - \frac{1}{2}\int x^2\mathrm{d}(\arctan x)$$

$$= \frac{1}{2}x^2\arctan x - \frac{1}{2}\int \frac{x^2}{1+x^2}\mathrm{d}x$$

$$= \frac{1}{2}x^2\arctan x - \frac{1}{2}\left(1 - \int \frac{1}{1+x^2}\right)\mathrm{d}x$$

$$= \frac{1}{2}x^2\arctan x - \frac{1}{2}x + \frac{1}{2}\arctan x + C.$$

一般而言,对形如$\int f(x)\arctan ax\mathrm{d}x$或$\int f(x)\mathrm{arccot}\, ax\mathrm{d}x$的积分计算,都是先把积分转换成$\int \arctan ax\mathrm{d}F(x)$或$\int \mathrm{arccot}\, ax\mathrm{d}F(x)$,

然后再用分部积分法. 尤其当 $f(x)$ 是多项式函数时,更是如此. 另外,对形如 $\int f(x)\arcsin ax\,\mathrm{d}x$ 或 $\int f(x)\arccos ax\,\mathrm{d}x$ 的积分计算,基本上也是用同样的方法考虑.

本章内容精要

本章主要介绍了不定积分的概念与计算方法:

1. 基本内容

原函数的概念,不定积分的概念,不定积分的性质,不定积分的基本公式,求不定积分的方法.

2. 求积分的具体方法

直接积分法,换元积分法(也叫凑微分法),分部积分法.

3. 要注意的是

求积分的运算要比求导数的运算困难,技巧性也较强.

习题 4

1. 求下列不定积分：

(1) $\int \frac{dx}{x}$；

(2) $\int \frac{dx}{x^2 \sqrt{x}}$；

(3) $\int (e^x + \sqrt[3]{x}) dx$；

(4) $\int (\cos x - \sin x) dx$；

(5) $\int \left(\cos \frac{x}{2} - \sin \frac{x}{2}\right)^2 dx$；

(6) $\int \frac{\sqrt{x^4 + x^{-4} + 2}}{x^4} dx$；

(7) $\int (x-2)^2 \, dx$；

(8) $\int \left(2e^x + \frac{3}{x}\right) dx$；

(9) $\int \frac{x^2}{1+x^2} \, dx$；

(10) $\int \frac{2 \cdot 3^x - 5 \cdot 2^x}{3^x} dx$；

(11) $\int \frac{\cos 2x}{\cos^2 x \sin^2 x} \, dx$；

(12) $\int \frac{1}{x^2(1+x^2)} dx$；

(13) $\int \frac{3x^4+3x^2+1}{x^2+1}\,dx$；

(14) $\int \frac{1}{1+\cos 2x}\,dx$；

(15) $\int \sec x(\sec x-\tan x)\,dx$；

2. 选择适当方法计算下列不定积分：

(1) $\int (3-2x)^3\,dx$；

(2) $\int \frac{dx}{\sqrt[3]{2-3x}}$；

(3) $\int \sin\left(3x-\frac{\pi}{4}\right)\mathrm{d}x$；

(4) $\int (2x-1)^{12}\mathrm{d}x$；

(5) $\int 3^{2-5x}\,\mathrm{d}x$；

(6) $\int \frac{1}{\sqrt{9-x^2}}\,\mathrm{d}x$；

(7) $\int \frac{\sin\sqrt{t}}{\sqrt{t}}\,\mathrm{d}t$；

(8) $\int \frac{x}{\sqrt{x^2-2}}\,\mathrm{d}x$；

(9) $\int \sqrt{2+e^x}e^x dx$；

(10) $\int \sin x\cos x dx$；

(11) $\int \frac{1}{x\ln^2 x} dx$；

(12) $\int \cos^2 x \, dx$；

(13) $\int \frac{1}{e^x + e^{-x}} dx$；

(14) $\int \frac{1}{a^2 - x^2} dx$.

3. 用分部积分法求下列不定积分：

(1) $\int x\cos x\mathrm{d}x$；

(2) $\int \arcsin x\mathrm{d}x$；

(3) $\int x\ln x\mathrm{d}x$；

(4) $\int x\mathrm{e}^{-x}\mathrm{d}x$；

(5) $\int x^2\sin x\mathrm{d}x$；

(6) $\int \mathrm{e}^x\sin x\mathrm{d}x$.

第 5 章 定积分及其应用

本章我们将讨论一元函数定积分. 这似乎与前面学习的不定积分没有联系. 实际上，在数学发展的历史进程中，二者起初是各自独立发展的，直到 17 世纪牛顿和莱布尼茨发现了积分学基本定理，这才使这两个重要的数学概念紧密地联系在一起，也使得积分学逐步发展为解决诸多实际问题的工具.

在本章中，我们将系统地介绍定积分的基本概念、基本性质、基本积分方法，以及其在不同领域的实际应用.

§ 5.1 定积分的概念

1. 曲边梯形的面积

在初等数学中，我们已经学会计算多边形及圆形的面积，至于任意曲线所围成的平面图形的面积，就不会计算了.

任意曲线所围成的平面图形的面积的计算，依赖于曲边梯形的面积的计算，所以我们先来讨论曲边梯形的面积.

曲边梯形是指在直角坐标系下，由闭区间$[a,b]$上的连续曲线 $y=f(x)\geqslant 0$，直线 $x=a$，$x=b$ 与 x 轴所围成的平面图形 $AabB$，如图 5.1.1 所示.

下面讨论怎样计算曲边梯形的面积.

初等数学中,以矩形面积为基础,解决了直边图形面积的计算问题.矩形的高是不变的,而曲边梯形在底边上各点处的高 $f(x)$ 在闭区间 $[a,b]$ 内是变化的,故它的面积不能直接按矩形公式来定义和计算.但由于曲线 $f(x)$ 是连续的,所以当点 x 在区间 $[a,b]$ 上某处变化很小时,则相应的高 $f(x)$ 也就变化不大.基于这种想法,我们先把曲边梯形沿着 y 轴方向切割成许多窄窄的长条(小曲边梯形),再用与窄条同底、以底上某点函数值为高的小矩形的面积来代替这些窄条的面积,进而用所有这些小矩形面积之和来近似代替整个曲边梯形的面积,如图 5.1.2 所示.

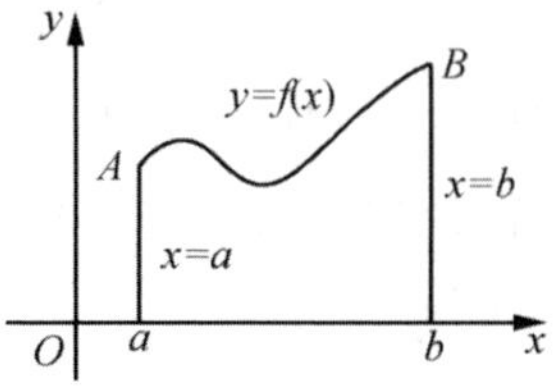

图 5.1.1

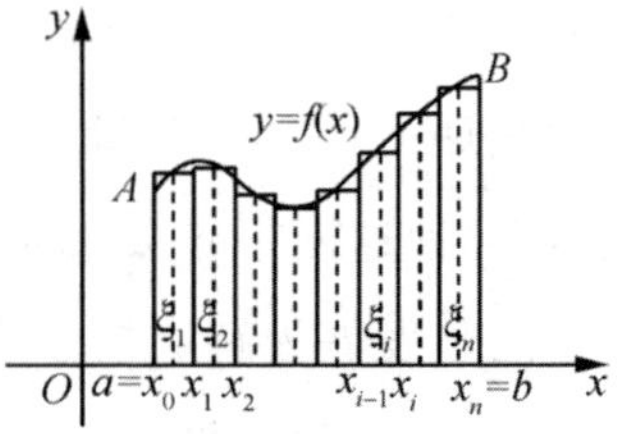

图 5.1.2

根据上述思路,可按以下四个步骤来计算曲边梯形的面积 A.

(1) 分割.

在区间 $[a,b]$ 内任意插入 $n-1$ 个分点:

$$a=x_0<x_1<x_2<\cdots<x_{i-1}<x_i<\cdots<x_{n-1}<x_n=b,$$

把区间 $[a,b]$ 分成 n 个小区间:

$$[x_0,x_1],[x_1,x_2],\cdots,[x_{i-1},x_i],\cdots,[x_{n-1},x_n].$$

这些小区间的长度分别记为

$$\Delta x_i=x_i-x_{i-1}(i=1,2,\cdots,n).$$

过每一分点作平行于 y 轴的直线,它们把曲边梯形分成 n 个小曲边梯形.

(2) 近似代替.

在每个小区间 $[x_{i-1},x_i]$ 上取一点 $\xi_i(x_{i-1}\leqslant\xi_i\leqslant x_i)$,以 $f(\xi_i)$ 为高、Δx_i 为底作小矩形,用小矩形面积 $f(\xi_i)\Delta x_i$ 近似代替相应

的小曲边梯形的面积 ΔA_i，即

$$\Delta A_i \approx f(\xi_i)\Delta x_i (i=1,2,\cdots,n).$$

(3) 求和.

把 n 个小矩形面积相加，就得到曲边梯形面积 A 的近似值，即

$$A \approx f(\xi_1)\Delta x_1 + f(\xi_2)\Delta x_2 + \cdots + f(\xi_n)\Delta x_n = \sum_{i=1}^{n} f(\xi_i)\Delta x_i.$$

(4) 取极限.

记小区间长度的最大值为 $\lambda(\lambda=\max\{\Delta x_i\})$，当 λ 趋近于 0 时，和式 $\sum\limits_{i=1}^{n} f(\xi_i)\Delta x_i$ 的极限就是曲边梯形面积 A 的精确值，即

$$A = \lim_{\lambda \to 0}\sum_{i=1}^{n} f(\xi_i)\Delta x_i.$$

2. 定积分的定义

定积分的定义

定义 5.1.1　设函数 $f(x)$ 在区间 $[a,b]$ 上有定义，任意取分点：

$$a=x_0<x_1<x_2<\cdots<x_{i-1}<x_i<\cdots<x_{n-1}<x_n=b,$$

分区间 $[a,b]$ 为 n 个小区间 $[x_{i-1},x_i](i=1,2,\cdots,n)$，其长度记为

$$\Delta x_i = x_i - x_{i-1} (i=1,2,\cdots,n).$$

在每个小区间 $[x_{i-1},x_i]$ 上，任取一点 $\xi_i(x_{i-1}\leqslant \xi_i \leqslant x_i)$，作乘积 $f(\xi_i)\Delta x_i$，得和式

$$\sum_{i=1}^{n} f(\xi_i)\Delta x_i.$$

当 n 无限增大，且小区间的最大长度 $\lambda(\lambda=\max\{\Delta x_i\})$ 趋于零时，如果上述和式的极限存在（这个极限值与 $[a,b]$ 的分割及点 ξ_i 的取法均无关），则称函数 $f(x)$ 在区间 $[a,b]$ 上**可积**，并称此极限值为函数 $f(x)$ 在区间 $[a,b]$ 上的**定积分**，记作 $\int_a^b f(x)\mathrm{d}x$，即

$$\int_a^b f(x)\mathrm{d}x = \lim_{\lambda \to 0}\sum_{i=1}^{n} f(\xi_i)\Delta x_i.$$

其中：$f(x)$ 称为**被积函数**，$f(x)\mathrm{d}x$ 称为**被积表达式**或**被积式**，x 称为**积分变量**，区间 $[a,b]$ 为**积分区间**，a 与 b 分别称为**积分下限**

与积分上限.

利用这个定义,前面的实际问题可表示为定积分:

曲线 $f(x)(f(x)\geqslant 0)$,x 轴及两条直线 $x=a$,$x=b$ 所围成的曲边梯形的面积 A 等于函数 $f(x)$在区间$[a,b]$上的定积分,即

$$A=\int_a^b f(x)\mathrm{d}x .$$

关于定积分的定义作以下几点说明:

(1) 定积分表示一个数,它只取决于被积函数与积分上、下限,而与积分变量采用什么字母表示无关,即

$$\int_a^b f(x)\mathrm{d}x=\int_a^b f(t)\mathrm{d}t=\int_a^b f(u)\mathrm{d}u.$$

(2) 定义中积分下限 a 小于积分上限 b,我们补充如下规定:

当 $a=b$ 时,$\int_a^b f(x)\mathrm{d}x=0$;

当 $a>b$ 时,$\int_a^b f(x)\mathrm{d}x=-\int_b^a f(x)\mathrm{d}x$.

3. 定积分的几何意义

定积分的几何意义

在前面的曲边梯形面积问题中,以 A 表示由直线 $x=a$,$x=b$,$y=0$ 及曲线 $y=f(x)$所围成的曲边梯形面积.

(1) 如果 $f(x)>0$,那么图形在 x 轴上方(图 5.1.3),积分值为正,即

$$\int_a^b f(x)\mathrm{d}x=A.$$

(2) 如果 $f(x)\leqslant 0$,那么图形位于 x 轴下方(图 5.1.4),积分值为负,即

$$\int_a^b f(x)\mathrm{d}x=-A.$$

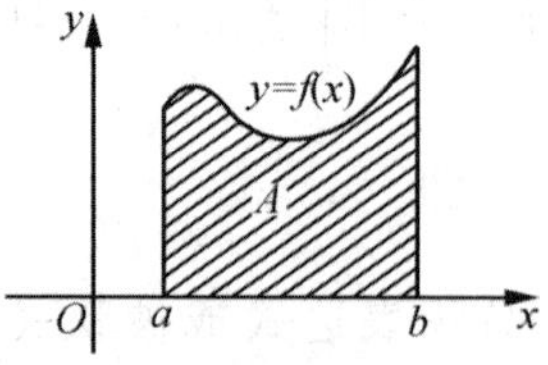

图 5.1.3

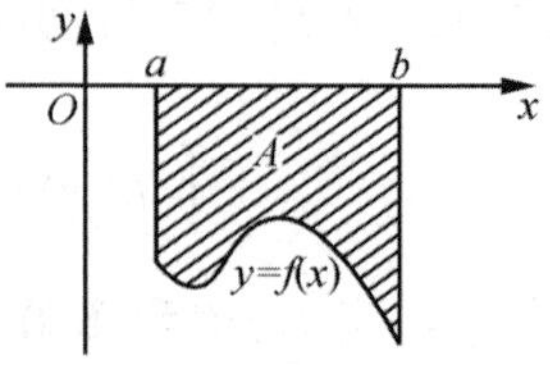

图 5.1.4

(3) 如果 $f(x)$ 在 $[a,b]$ 内有正有负，则积分值就等于曲线 $y=f(x)$ 在 x 轴上方部分与下方部分面积的代数和(图 5.1.5)，即

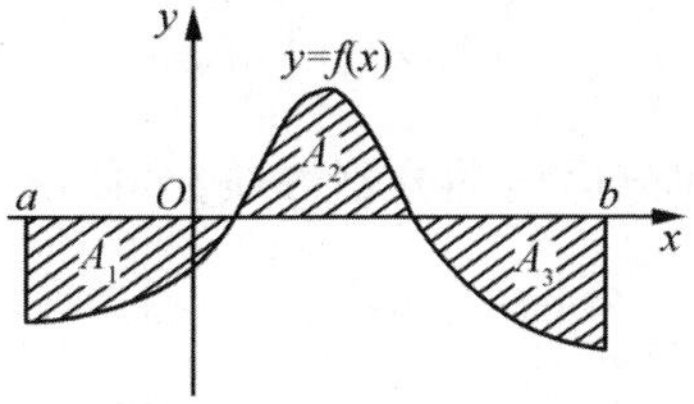

图 5.1.5

$$\int_a^b f(x)\mathrm{d}x = -A_1 + A_2 - A_3,$$

其中 A_1, A_2, A_3 分别表示图 5.1.5 中所对应的阴影部分的面积.

因此，在一般情况下，定积分 $\int_a^b f(x)\mathrm{d}x$ 的几何意义为：它是介于 x 轴、函数 $f(x)$ 的图形及两条直线 $x=a, x=b$ 之间的各部分面积的代数和.

§ 5.2　定积分的性质

为了理论研究与计算的需要，下面我们介绍定积分的基本性质. 如不特点指明，下列各性质中积分上、下限的大小均不加限制，并假定各性质中所列出的定积分都是存在的.

性质 1　函数的和(差)的定积分等于它们的定积分的和(差)，即

$$\int_a^b [f(x) \pm g(x)]\mathrm{d}x = \int_a^b f(x)\mathrm{d}x \pm \int_a^b g(x)\mathrm{d}x.$$

注：性质 1 对于任意有限个函数都是成立的.

性质 2　被积函数的常数因子可以提到积分号外面，即

$$\int_a^b kf(x)\mathrm{d}x = k\int_a^b f(x)\mathrm{d}x \ (k \text{ 为常数}).$$

以上两个性质称为定积分的**线性运算性质**.

性质 3 如果在区间$[a,b]$上 $f(x)=1$,则

$$\int_a^b 1\mathrm{d}x=\int_a^b \mathrm{d}x=b-a.$$

性质 4(积分区间的分割性质) 如果 $a<c<b$,则

$$\int_a^b f(x)\mathrm{d}x=\int_a^c f(x)\mathrm{d}x+\int_c^b f(x)\mathrm{d}x.$$

注:当 c 不介于 a 与 b 之间,即 $c<a<b$ 或 $a<b<c$ 时,结论仍然正确.

§5.3 牛顿-莱布尼茨公式

前面我们讨论了不定积分与定积分的概念与性质.本节讨论联系它们的公式.此公式是积分学基本公式之一.有了这个公式,很大一部分定积分的计算问题都得到了解决.

5.3.1 变上限函数及其导数

设函数 $f(x)$在区间$[a,b]$上连续,并且设 x 为$[a,b]$上的一点.现在我们来考察 $f(x)$在部分区间$[a,x]$上的定积分

$$\int_a^x f(x)\mathrm{d}x.$$

由于 $f(x)$在区间$[a,x]$上仍连续,因此这个定积分存在.这时 x 既表示定积分的上限,又表示积分变量,为避免混淆,我们把积分变量改用其他符号,如用 t 表示,则这个积分可以写成

$$\int_a^x f(t)\mathrm{d}t.$$

显然,当 x 在区间$[a,b]$上变动时,对应于每一个 x 值,积分 $\int_a^x f(t)\mathrm{d}t$ 就有一个确定的值,因此$\int_a^x f(t)\mathrm{d}x$ 是变上限 x 的一个函

数，记作 $\Phi(x)$，即

$$\Phi(x)=\int_a^x f(t)\mathrm{d}t \ (a\leqslant x\leqslant b).$$

通常称函数 $\Phi(x)$ 为**变上限积分函数**或**变上限积分**.

它具有如下重要性质：

定理 5.3.1　如果函数 $f(x)$ 在区间 $[a,b]$ 上连续，则变上限积分 $\Phi(x)=\int_a^x f(t)\mathrm{d}t$ 在区间 $[a,b]$ 上可导，并且它的导数等于被积函数，即

$$\Phi'(x)=\left[\int_a^x f(t)\mathrm{d}t\right]'=f(x)(a\leqslant x\leqslant b).$$

这个定理的重要意义是：一方面，肯定了连续函数的原函数是存在的；另一方面，初步揭示了积分学中的定积分与原函数之间的联系. 因此，我们就可以通过原函数来计算定积分.

例 1　已知 $\Phi(x)=\int_1^x t\sin t^3\mathrm{d}t$，求 $\Phi'(x)$.

解　根据定理 5.3.1，得

$$\Phi'(x)=\left(\int_1^x t\sin t^3\mathrm{d}t\right)'=x\sin x^3.$$

5.3.2　牛顿-莱布尼茨公式

牛顿-莱布尼茨公式

定理 5.3.2　如果函数 $F(x)$ 是连续函数 $f(x)$ 在区间 $[a,b]$ 上的一个原函数，那么

$$\int_a^b f(x)\mathrm{d}x=F(b)-F(a).$$

证　已知函数 $F(x)$ 是连续函数 $f(x)$ 的一个原函数，又由定理 5.3.2 知道，变上限积分函数

$$\Phi(x)=\int_a^x f(t)\mathrm{d}t$$

也是 $f(x)$ 的一个原函数. 由原函数的性质得知，同一函数的两个不同原函数只相差一个常数，即

$$F(x)-\int_a^x f(t)\mathrm{d}t=C(a\leqslant x\leqslant b).$$

在上式中令 $x=a$，由 $\Phi(a)=\int_a^a f(t)\mathrm{d}t=0$，得出 $C=F(a)$，于是得

$$F(x)-\int_a^x f(t)\mathrm{d}t=F(a).$$

在上式中令 $x=b$，移项，得

$$\int_a^b f(t)\mathrm{d}t=F(b)-F(a).$$

再把积分变量 t 换成 x，得

$$\int_a^b f(x)\mathrm{d}x=F(b)-F(a).$$

为了今后使用方便，把上式右端的 $F(b)-F(a)$ 记作 $F(x)\big|_a^b$ 或 $[F(x)]_a^b$，这样上式就可写成如下形式：

$$\int_a^b f(x)\mathrm{d}x=F(x)\big|_a^b=[F(x)]_a^b=F(b)-F(a).$$

上式称为**牛顿-莱布尼茨公式**，也称为**微积分的基本公式**.

它的重要意义在于：只要求得连续函数 $f(x)$ 在 $[a,b]$ 上的一个原函数，就可计算出它在这个区间上的定积分.

例 2 计算下列定积分：

(1) $\int_0^1 x^2\mathrm{d}x$；　　(2) $\int_{-1}^{\sqrt{3}}\frac{1}{1+x^2}\mathrm{d}x$.

解 (1) 由于 $\frac{1}{3}x^3$ 是 x^2 的一个原函数，于是有

$$\int_0^1 x^2\mathrm{d}x=\frac{1}{3}x^3\bigg|_0^1=\frac{1}{3}.$$

(2) 由于 $\arctan x$ 是 $\frac{1}{1+x^2}$ 的一个原函数，所以

$$\int_{-1}^{\sqrt{3}}\frac{1}{1+x^2}\mathrm{d}x=\arctan x\big|_{-1}^{\sqrt{3}}=\arctan\sqrt{3}-\arctan(-1)$$

$$=\frac{\pi}{3}-\left(-\frac{\pi}{4}\right)=\frac{7}{12}\pi.$$

例 3 计算 $\int_{-1}^{3}|2-x|\mathrm{d}x$.

解 因为

$$|2-x|=\begin{cases}2-x, & x\leqslant 2,\\ x-2, & x>2,\end{cases}$$

由定积分区间可加性，得

$$\int_{-1}^{3}|2-x|\,dx=\int_{-1}^{2}(2-x)\,dx+\int_{2}^{3}(x-2)\,dx$$

$$=\left(2x-\frac{x^2}{2}\right)\Bigg|_{-1}^{2}+\left(\frac{x^2}{2}-2x\right)\Bigg|_{2}^{3}$$

$$=4+\frac{1}{2}+\frac{1}{2}=5.$$

例 4　计算$\int_0^{\frac{\pi}{4}}\frac{x^4}{1+x^2}dx$.

解　$$\int_0^{\frac{\pi}{4}}\frac{x^4}{1+x^2}dx=\int_0^{\frac{\pi}{4}}\frac{(x^4-1)+1}{1+x^2}dx$$

$$=\int_0^{\frac{\pi}{4}}\left[(x^2-1)+\frac{1}{1+x^2}\right]dx$$

$$=\left(\frac{1}{3}x^3-x+\arctan x\right)\Bigg|_0^{\frac{\pi}{4}}$$

$$=\frac{\pi^3}{192}-\frac{\pi}{4}+1.$$

例 5　计算$\int_0^{\frac{\pi}{2}}2\sin^2\frac{x}{2}dx$.

解　$$\int_0^{\frac{\pi}{2}}2\sin^2\frac{x}{2}dx=\int_0^{\frac{\pi}{2}}(1-\cos x)\,dx=(x-\sin x)\Big|_0^{\frac{\pi}{2}}$$

$$=\frac{\pi}{2}-1.$$

例 6　计算$\int_0^1 2^x e^x\,dx$.

解　$$\int_0^1 2^x e^x\,dx=\int_0^1(2e)^x\,dx=\frac{(2e)^x}{1+\ln 2}\Bigg|_0^1=\frac{2e-1}{1+\ln 2}.$$

§5.4 定积分的换元积分法和分部积分法

由牛顿-莱布尼茨公式知，计算定积分的有效、快捷的方法是把它转化为被积函数的原函数在区间的增量，因此用第四章的积分方法可以求出一些函数的原函数.

5.4.1 定积分的换元积分法

引例 计算$\int_0^4 \frac{dx}{1+\sqrt{x}}$.

解 首先，求不定积分$\int \frac{dx}{1+\sqrt{x}}$，用不定积分的换元积分法.

令$\sqrt{x}=t$，则$x=t^2$，$dx=2tdt$，于是

$$\int \frac{dx}{1+\sqrt{x}}=\int \frac{2tdt}{1+t}=2\int \frac{1+t-1}{1+t}dt=2\int \left(1-\frac{1}{1+t}\right)dt$$

$$=2(t-\ln|1+t|)+C.$$

把t回代为x，于是，得

$$\int \frac{dx}{1+\sqrt{x}}=2[\sqrt{x}-\ln(1+\sqrt{x})]+C.$$

其次，由牛顿-莱布尼茨公式，得

$$\int_0^4 \frac{dx}{1+\sqrt{x}}=2[\sqrt{x}-\ln(1+\sqrt{x})]_0^4=4-2\ln 3.$$

显然，这个计算过程过于冗长. 下面我们介绍简便的方法——定积分的换元积分法.

定理 5.4.1 若函数$f(x)$在区间$[a,b]$上连续，函数$x=\varphi(t)$满足下列条件：

(1) $x=\varphi(t)$在$[\alpha,\beta]$上单调，且有连续导数；

(2) $\varphi(\alpha)=a$，$\varphi(\beta)=b$，且当 t 在以 α 和 β 为端点的闭区间$[\alpha,\beta](\alpha<\beta)$或$[\beta,\alpha](\beta<\alpha)$上变化时，$x=\varphi(t)$的值在区间$[a,b]$上变化. 则有换元公式：

$$\int_a^b f(x)\mathrm{d}x=\int_\alpha^\beta f(\varphi(t))\varphi'(t)\mathrm{d}t.$$

注：应用定积分换元积分法时，要记住“换元必换限”，(原)上限对(新)上限，(原)下限对(新)下限.

我们重新计算引例：计算 $\int_0^4\frac{\mathrm{d}x}{1+\sqrt{x}}$.

解　令$\sqrt{x}=t$，则 $x=t^2$，$\mathrm{d}x=2t\mathrm{d}t$.

换积分限，当 $x=0$ 时，$t=0$；当 $x=4$ 时，$t=2$. 于是

$$\int_0^4\frac{\mathrm{d}x}{1+\sqrt{x}}=\int_0^2\frac{2t\mathrm{d}t}{1+t}=2\int_0^2\left(1-\frac{1}{1+t}\right)\mathrm{d}t$$
$$=2[t-\ln(1+t)]_0^2=2(2-\ln 3).$$

显然，用定积分的换元积分法比用不定积分的换元积分法更简便.

例 1　计算 $\int_0^{\frac{1}{2}}\frac{x^2}{\sqrt{(1-x^2)^3}}\mathrm{d}x$.

解　令 $x=\sin t$，则 $\mathrm{d}x=\cos t\mathrm{d}t$.

换积分限，当 $x=0$ 时，$t=0$；当 $x=\frac{1}{2}$时，$t=\frac{\pi}{6}$. 于是

$$\int_0^{\frac{1}{2}}\frac{x^2}{\sqrt{(1-x^2)^3}}\mathrm{d}x=\int_0^{\frac{\pi}{6}}\frac{\sin^2 t}{\sqrt{(1-\sin^2 t)^3}}\cdot\cos t\mathrm{d}t=\int_0^{\frac{\pi}{6}}\tan^2 t\mathrm{d}t$$
$$=\int_0^{\frac{\pi}{6}}(\sec^2 t-1)\mathrm{d}t=(\tan t-t)\Big|_0^{\frac{\pi}{6}}$$
$$=\frac{\sqrt{3}}{3}-\frac{\pi}{6}.$$

下面利用定积分的换元积分法来推证一些有用的结论.

例 2　设函数 $f(x)$在对称区间$[-a,a]$上连续，求证：

(1) $\int_{-a}^a f(x)\mathrm{d}x=\int_0^a[f(x)+f(-x)]\mathrm{d}x$；

(2) 当 $f(x)$ 为偶函数时，则$\int_{-a}^a f(x)\mathrm{d}x=2\int_0^a f(x)\mathrm{d}x$；

(3) 当 $f(x)$ 为奇函数时,则$\int_{-a}^{a} f(x)\mathrm{d}x = 0$.

证 (1) 由定积分性质 4,得

$$\int_{-a}^{a} f(x)\mathrm{d}x = \int_{-a}^{0} f(x)\mathrm{d}x + \int_{0}^{a} f(x)\mathrm{d}x.$$

对积分$\int_{-a}^{0} f(x)\mathrm{d}x$ 作变量代换,令 $x = -t$,则 $\mathrm{d}x = -\mathrm{d}t$.

当 $x = -a$ 时,$t = a$;当 $x = 0$ 时,$t = 0$,得

$$\int_{-a}^{0} f(x)\mathrm{d}t = -\int_{a}^{0} f(-t)\mathrm{d}t = \int_{0}^{a} f(-t)\mathrm{d}t = \int_{0}^{a} f(-x)\mathrm{d}x.$$

于是

$$\begin{aligned}\int_{-a}^{a} f(x)\mathrm{d}x &= \int_{-a}^{0} f(x)\mathrm{d}x + \int_{0}^{a} f(x)\mathrm{d}x \\ &= \int_{0}^{a} [f(x) + f(-x)]\mathrm{d}x.\end{aligned}$$

(2) 若 $f(x)$ 为偶函数,即 $f(-x) = f(x)$,由上式,得

$$\int_{-a}^{a} f(x)\mathrm{d}x = 2\int_{0}^{a} f(x)\mathrm{d}x.$$

(3) 若 $f(x)$ 为奇函数,即 $f(-x) = -f(x)$,得

$$\begin{aligned}\int_{-a}^{a} f(x)\mathrm{d}x &= \int_{0}^{a} [f(x) + f(-x)]\mathrm{d}x \\ &= \int_{0}^{a} [f(x) - f(x)]\mathrm{d}x = 0.\end{aligned}$$

利用这个结果,奇、偶函数在对称区间上的积分计算可以得到简化,甚至不经计算即可得出结果,如$\int_{-\pi}^{\pi} \frac{\sin^3 x}{1 + x^2}\mathrm{d}x = 0\left(因为\frac{\sin^3 x}{1 + x^2}为奇函数\right)$.

5.4.2 定积分的分部积分法

将不定积分的分部积分公式带上积分限,即得定积分的分部积分公式,该公式可叙述如下:

定理 5.4.2 设函数 $u=u(x)$,$v=v(x)$在区间$[a,b]$上有连续的导数,则有

$$\int_a^b u\mathrm{d}v = (uv)\big|_a^b - \int_a^b v\mathrm{d}u.$$

使用定积分的分部积分公式时，要把先积分出来的那一部分代入上、下限求值，余下的部分继续积分. 这样做比完全把原函数求出来再代入上、下限简便一些.

例 3　计算$\int_0^1 x\mathrm{e}^x\mathrm{d}x$.

解　$\int_0^1 x\mathrm{e}^x\mathrm{d}x = \int_0^1 x\mathrm{d}(\mathrm{e}^x) = x\mathrm{e}^x\big|_0^1 - \int_0^1 \mathrm{e}^x\mathrm{d}x = \mathrm{e} - \mathrm{e}^x\big|_0^1 = 1.$

例 4　计算$\int_0^{\frac{1}{2}} \arcsin x\mathrm{d}x$.

解
$$\begin{aligned}\int_0^{\frac{1}{2}} \arcsin x\mathrm{d}x &= x\arcsin x\Big|_0^{\frac{1}{2}} - \int_0^{\frac{1}{2}} \frac{x\mathrm{d}x}{\sqrt{1-x^2}} \\ &= \frac{1}{2}\cdot\frac{\pi}{6} + \frac{1}{2}\int_0^{\frac{1}{2}} \frac{1}{\sqrt{1-x^2}}\mathrm{d}(1-x^2) \\ &= \frac{\pi}{12} + \sqrt{1-x^2}\Big|_0^{\frac{1}{2}} = \frac{\pi}{12} + \frac{\sqrt{3}}{2} - 1.\end{aligned}$$

例 5　计算$\int_0^3 \arctan\sqrt{x}\mathrm{d}x$.

解　先用定积分的换元积分法，再用定积分的分部积分法.

令 $t = \sqrt{x}$，即 $x = t^2$. 换积分限：当 $x = 0$ 时，$t = 0$；当 $x = 3$ 时，$t = \sqrt{3}$. 于是

$$\begin{aligned}\int_0^3 \arctan\sqrt{x}\mathrm{d}x &= \int_0^{\sqrt{3}} \arctan t\mathrm{d}(t^2) \\ &= t^2\arctan t\Big|_0^{\sqrt{3}} - \int_0^{\sqrt{3}} t^2\mathrm{d}(\arctan t) \\ &= 3\cdot\frac{\pi}{3} - \int_0^{\sqrt{3}} t^2\cdot\frac{1}{1+t^2}\mathrm{d}t \\ &= \pi - (t - \arctan t)\Big|_0^{\sqrt{3}} \\ &= \frac{4\pi}{3} - \sqrt{3}.\end{aligned}$$

§ 5.5　定积分的应用

在解决定积分的各类应用问题时，通常可分为“分割、近似代替、求和、取极限”四个步骤，将待求的量表示为定积分的形式.

5.5.1　平面图形的面积

由定积分的几何意义，连续曲线 $f(x)(f(x)\geqslant 0)$，x 轴及两条直线 $x=a$，$x=b$ 所围成的曲边梯形的面积 A 等于函数 $f(x)$ 在区间 $[a,b]$ 上的定积分（图 5.5.1），即

$$A=\int_a^b f(x)\mathrm{d}x.$$

如果 $f(x)$ 在 $[a,b]$ 内有正有负（图 5.5.1），则

$$\begin{aligned}A&=\int_a^b |f(x)|\mathrm{d}x\\&=\int_a^c f(x)\mathrm{d}x-\int_c^d f(x)\mathrm{d}x+\int_d^e f(x)\mathrm{d}x-\int_e^b f(x)\mathrm{d}x.\end{aligned}$$

定积分的应用

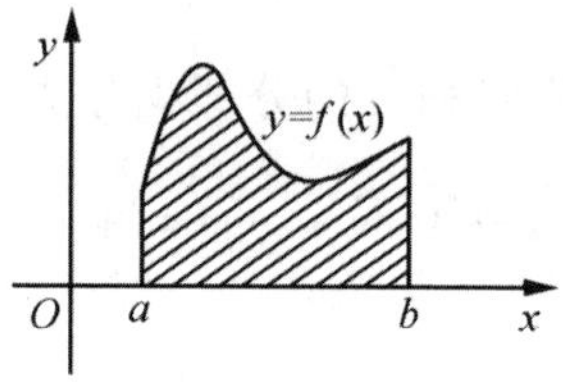

图 5.5.1

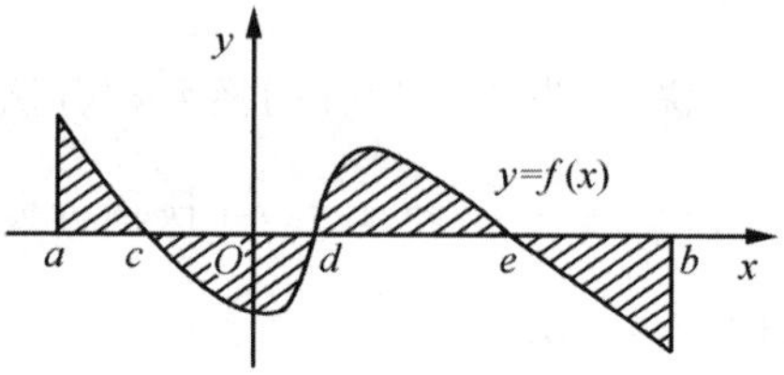

图 5.5.2

由两条连续曲线 $y=f_1(x)$，$y=f_2(x)$，$f_1(x)\leqslant f_2(x)$ 以及直线 $x=a$，$x=b$ 所围平面图形的面积为（图 5.5.3）

$$A=\int_a^b[f_2(x)-f_1(x)]\mathrm{d}x.$$

同样的，由曲线 $x=g_1(y)$，$x=g_2(y)$，$g_1(y)\leqslant g_2(y)$ 与直线 $y=c$，$y=d$ 所围平面图形的面积为（图 5.5.4）

$$A=\int_c^d[g_2(y)-g_1(y)]\mathrm{d}y.$$

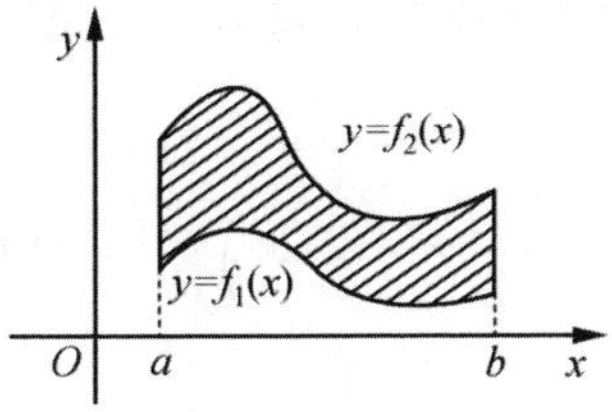

图 5.5.3

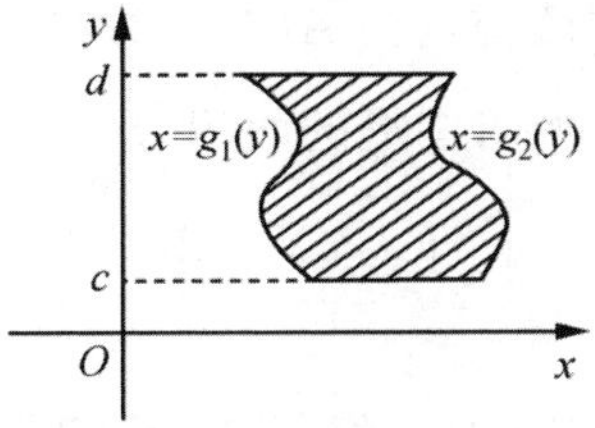

图 5.5.4

例 1 计算由两条抛物线 $y^2=x$ 和 $y=x^2$ 所围成的图形的面积.

解 这两条抛物线所围成的图形如图 5.5.5 所示.

确定积分变量为 x,为了具体定出图形的所在范围,先求出这两条抛物线的交点,即解方程组:

$$\begin{cases} y^2=x, \\ y=x^2, \end{cases}$$

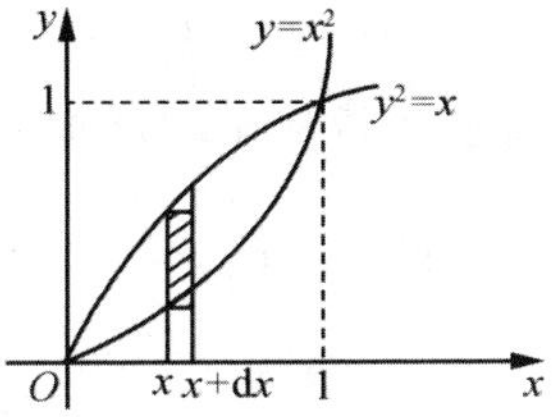

图 5.5.5

得两组解:$\begin{cases} x=0, \\ y=0 \end{cases}$ 或 $\begin{cases} x=1, \\ y=1. \end{cases}$

故交点为 $O(0,0)$ 及 $A(1,1)$,这样得到积分区间为$[0,1]$.

所求图形的面积为

$$A=\int_0^1(\sqrt{x}-x^2)\mathrm{d}x=\left(\frac{2}{3}x^{\frac{3}{2}}-\frac{1}{3}x^3\right)\Bigg|_0^1=\frac{1}{3}.$$

例 2 计算抛物线 $y^2=2x$ 与直线 $y=x-4$ 所围成的图形的面积.

解 图形如图 5.5.6 所示.

确定积分变量为 y,为了具体定出图形的所在范围,先求出所给抛物线与直线的交点,解方程组

$$\begin{cases} y^2=2x, \\ y=x-4, \end{cases}$$

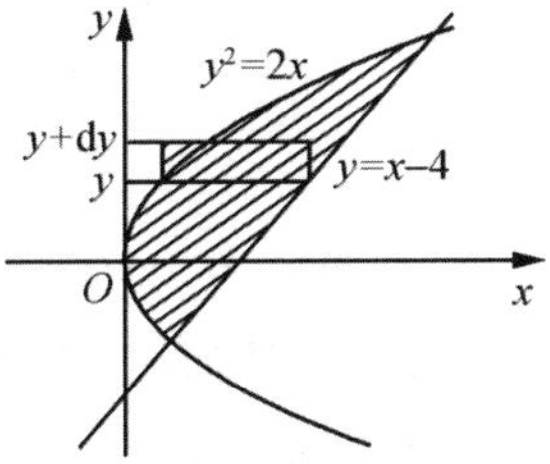

图 5.5.6

得两组解:$\begin{cases} x=2, \\ y=-2 \end{cases}$ 或 $\begin{cases} x=8, \\ y=4, \end{cases}$

即得两交点为 $A(2,-2)$ 和 $B(8,4)$，这样积分区间为 $[-2,4]$.

所求图形的面积为

$$A=\int_{-2}^{4}\left(y+4-\frac{1}{2}y^2\right)\mathrm{d}y=\left(\frac{1}{2}y^2+4y-\frac{1}{6}y^3\right)\Big|_{-2}^{4}=18.$$

5.5.2 经济应用问题

当已知边际函数或变化率，求总量函数或总量函数在某个范围内的总量时，经常应用定积分计算.

例 3 已知某工厂生产某产品的边际成本为

$$C'(q)=50+6q-1\cdot 2q^2\text{(万元/吨)}.$$

试求产量从 1 吨增加到 5 吨时总成本的增量.

解 $\Delta C=C(5)-C(1)=\int_1^5 C'(q)\mathrm{d}q$

$$=\int_1^5(50+6q-1.2q^2)\mathrm{d}q$$

$$=(50q+3q^2-0.4q^3)\Big|_1^5=222.4\text{(万元)}.$$

例 4 已知某商场销售某商品的边际收入为 $R'(q)=6q$(元/kg)，边际成本为 $C'(q)=2+\dfrac{10}{\sqrt{q}}$(元/kg)，又固定成本为 $C(0)=2\ 000$ 元，求总成本函数、总收入函数及总利润函数.

解 因为 $C(q)-C(0)=\int_0^q C'(q)\mathrm{d}q$,

所以 $C(q)=\int_0^q C'(q)\mathrm{d}q+C(0)=\int_0^q\left(2+\dfrac{10}{\sqrt{q}}\right)\mathrm{d}q+C(0)$

$$=(2q+20\sqrt{q})\Big|_0^q+2\ 000=2q+20\sqrt{q}+2\ 000.$$

$$R(q)=\int_0^q R'(q)\mathrm{d}q+R(0)=\int_0^q 6q\mathrm{d}q=3q^2.$$

$$L(q)=R(q)-C(q)=3q^2-2q-20\sqrt{q}-2\ 000.$$

例 5 已知某工厂生产某产品的边际成本为 $C'(q)=3$(元/件)，固定成本为 1 000 元，边际收入为 $R'(q)=31-0.04q$(元/件). 求：

(1) 当产量为多少时利润最大?

(2) 当利润最大时再生产 20 件，求利润的增量.

解 (1) 由已知条件可知

$$L'(q)=R'(q)-C'(q)=31-0.04q-3=28-0.04q.$$

令 $L'(q)=0$,求得唯一的驻点 $q=700$.

又因为 $L''(q)=-0.04<0$,所以产量 $q=700$ 时,有最大利润.

(2) 产量由 700 件增加到 720 件时,利润的改变量为

$$\Delta L=\int_{700}^{720}L'(q)\mathrm{d}q=\int_{700}^{720}(28-0.04q)\mathrm{d}q$$

$$=(28q-0.02q^2)\Big|_{700}^{720}=-8.$$

此时利润将减少 8 元.

§ 5.6 广义积分

前面所讨论的定积分都是在积分区间是有限区间和被积函数有界的条件下进行的,但在科学技术和经济管理中,常常会遇到积分区间为无穷区间的情况,这就要求我们对定积分进行一些推广,从而就形成了广义积分的概念.

定义 5.6.1 设函数 $f(x)$ 在区间 $[a,+\infty)$ 上连续,取 $b>a$,如果极限

$$\lim_{b\to+\infty}\int_a^b f(x)\mathrm{d}x$$

存在,则称此极限为函数 $f(x)$ 在**无穷区间** $[a,+\infty)$ **上的广义积分**,记作

$$\int_a^{+\infty}f(x)\mathrm{d}x,$$

即

$$\int_a^{+\infty}f(x)\mathrm{d}x=\lim_{b\to+\infty}\int_a^b f(x)\mathrm{d}x.$$

这时也称广义积分 $\int_a^{+\infty} f(x)\mathrm{d}x$ **收敛**. 如果上述极限不存在，则称函数 $f(x)$ 在无穷区间 $[a,+\infty)$ 上的广义积分**发散**.

类似地，可以定义函数 $f(x)$ 在区间 $(-\infty,b]$ 上的广义积分.

定义 5.6.2 设函数 $f(x)$ 在区间上 $(-\infty,b]$ 上连续，取 $a<b$，如果极限

$$\lim_{a\to-\infty}\int_a^b f(x)\mathrm{d}x$$

存在，则称此极限为函数 $f(x)$ 在**无穷区间** $(-\infty,b]$ **上的广义积分**，记作

$$\int_{-\infty}^b f(x)\mathrm{d}x,$$

即

$$\int_{-\infty}^b f(x)\mathrm{d}x = \lim_{a\to-\infty}\int_a^b f(x)\mathrm{d}x.$$

这时也称广义积分 $\int_{-\infty}^b f(x)\mathrm{d}x$ **收敛**. 如果上述极限不存在，则称函数 $f(x)$ 在无穷区间 $(-\infty,b]$ 上的广义积分**发散**.

定义 5.6.3 设函数 $f(x)$ 在区间 $(-\infty,+\infty)$ 上连续，若广义积分 $\int_{-\infty}^0 f(x)\mathrm{d}x$ 与 $\int_0^{+\infty} f(x)\mathrm{d}x$ 都收敛，则称上述两个广义积分之和为函数 $f(x)$ 在**无穷区间** $(-\infty,+\infty)$ **上的广义积分**，记作

$$\int_{-\infty}^{+\infty} f(x)\mathrm{d}x,$$

即

$$\int_{-\infty}^{+\infty} f(x)\mathrm{d}x = \int_{-\infty}^0 f(x)\mathrm{d}x + \int_0^{+\infty} f(x)\mathrm{d}x.$$

这时也称广义积分 $\int_{-\infty}^{+\infty} f(x)\mathrm{d}x$ **收敛**. 否则就称广义积分 $\int_{-\infty}^{+\infty} f(x)\mathrm{d}x$ **发散**.

上述广义积分统称为**无穷区间上的广义积分**.

注：(1) 定义 5.6.3 中的常数 0 可改为任意实数 C.

(2) 广义积分也称为**反常积分**，相应地，前面讨论的积分称为

常义积分.

由上述定义及牛顿-莱布尼茨公式,可得如下结果:

设 $F(x)$ 为 $f(x)$ 在区间 $[a,+\infty)$ 上的一个原函数,并记 $F(+\infty)=\lim\limits_{x\to+\infty}F(x)$,$F(-\infty)=\lim\limits_{x\to-\infty}F(x)$,则上述定义中的广义积分可表示为

$$\int_a^{+\infty}f(x)\mathrm{d}x=F(x)\Big|_a^{+\infty}=F(+\infty)-F(a),$$

$$\int_{-\infty}^{b}f(x)\mathrm{d}x=F(x)\Big|_{-\infty}^{b}=F(b)-F(-\infty),$$

$$\int_{-\infty}^{+\infty}f(x)\mathrm{d}x=F(x)\Big|_{-\infty}^{+\infty}=F(+\infty)-F(-\infty).$$

这时广义积分的收敛或发散就取决于 $F(+\infty)$,$F(-\infty)$ 是否存在,如存在就收敛,如不存在就发散.

例 1　求 $\displaystyle\int_1^{+\infty}\frac{1}{x^2}\mathrm{d}x$.

解　$$\int_1^{+\infty}\frac{1}{x^2}\mathrm{d}x=-\frac{1}{x}\Big|_1^{+\infty}=-\left(\lim_{x\to+\infty}\frac{1}{x}-1\right)=1.$$

例 2　求 $\displaystyle\int_{-\infty}^{0}\frac{x}{(1+x^2)^2}\mathrm{d}x$.

解　$$\begin{aligned}\int_{-\infty}^{0}\frac{x}{(1+x^2)^2}\mathrm{d}x&=\frac{1}{2}\int_{-\infty}^{0}\frac{1}{(1+x^2)^2}(\mathrm{d}x^2)\\&=\frac{1}{2}\int_{-\infty}^{0}\frac{1}{(1+x^2)^2}\mathrm{d}(1+x^2)\\&=-\frac{1}{2(1+x^2)}\Big|_{-\infty}^{0}\\&=-\left[\frac{1}{2}-\lim_{x\to-\infty}\frac{1}{2(1+x^2)}\right]=-\frac{1}{2}.\end{aligned}$$

例 3　求 $\displaystyle\int_0^{+\infty}x\mathrm{e}^{-x}\mathrm{d}x$.

解　$$\begin{aligned}\int_0^{+\infty}x\mathrm{e}^{-x}\mathrm{d}x&=-\int_0^{+\infty}x\mathrm{d}(\mathrm{e}^{-x})=-x\mathrm{e}^{-x}\Big|_0^{+\infty}+\int_0^{+\infty}\mathrm{e}^{-x}\mathrm{d}x\\&=-(\lim_{x\to+\infty}x\mathrm{e}^{-x}-0)-\mathrm{e}^{-x}\Big|_0^{+\infty}\\&=-(\lim_{x\to+\infty}\mathrm{e}^{-x}-1)=1.\end{aligned}$$

其中

$$\lim_{x \to +\infty} x e^{-x} = \lim_{x \to +\infty} \frac{x}{e^x} \xlongequal{\frac{\infty}{\infty}} \lim_{x \to +\infty} \frac{1}{e^x} = 0.$$

例 4 求$\int_{-\infty}^{+\infty} \frac{1}{1+x^2} dx$.

解 $\int_{-\infty}^{+\infty} \frac{1}{1+x^2} dx = \arctan x \big|_{-\infty}^{+\infty}$

$$= \lim_{x \to +\infty} \arctan x - \lim_{x \to -\infty} \arctan x$$

$$= \frac{\pi}{2} - \left(-\frac{\pi}{2}\right) = \pi.$$

本章内容精要

本章主要介绍了定积分的概念与计算方法.

(1) 基本内容.

定积分的概念、性质、几何意义,积分的基本公式(牛顿-莱布尼茨公式),定积分的求解方法,广义积分,定积分的实际应用.

(2) 需要注意的是,定积分$\int_a^b f(x) dx$ 的值与被积函数 $f(x)$ 以及积分区间$[a,b]$有关,而与积分变量的符号无关,即

$$\int_a^b f(x) dx = \int_a^b f(t) dt = \int_a^b f(u) du.$$

(3) 牛顿-莱布尼茨公式建立了定积分与不定积分之间的联系,即

$$\int_b^a f(x) dx = \left[\int f(x) dx\right]_b^a.$$

也指出了计算定积分的两个步骤:先求出不定积分$\int f(x) dx$ 的一个原函数 $F(x)$,再计算原函数 $F(x)$ 在 b 与 a 处的函数值之差.

(4) 在定积分的换元积分法中,如果用新变量替换原来积分变量,那么定积分的上、下限也要相应变换;如果不写出新变量,而是直接用凑微分的方法计算,那么定积分的上、下限无需变换.

习题 5

1. 计算下列定积分：

(1) $\int_{1}^{4} \frac{x+1}{\sqrt{x}}\mathrm{d}x$；

(2) $\int_{0}^{1}(3\mathrm{e}^{x}+x^{3}-\sin x)\mathrm{d}x$；

(3) $\int_{0}^{1}(2x+3)\mathrm{d}x$；

(4) $\int_{0}^{\frac{\pi}{3}}\tan^{2}x\mathrm{d}x$；

(5) $\int_{0}^{1}\frac{1-x^{2}}{1+x^{2}}\mathrm{d}x$；

(6) $\int_{1}^{\sqrt{3}}\frac{1+2x^{2}}{x^{2}(1+x^{2})}\mathrm{d}x$；

(7) $\int_{-1}^{0} \frac{3x^4+3x^2+1}{x^2+1}\mathrm{d}x$；　　　　(8) $\int_{0}^{2\pi} |\sin x|\,\mathrm{d}x$；

2. 已知函数 $f(x)=\begin{cases} \mathrm{e}^{3x}, & x\leqslant 1, \\ \frac{\ln x}{x}, & x>1, \end{cases}$ 计算 $\int_{-1}^{3} f(x)\mathrm{d}x$.

3. 用凑微分法计算下列定积分：

(1) $\int_{\mathrm{e}}^{\mathrm{e}^2} \frac{\mathrm{d}x}{x\ln x}$；　　　　(2) $\int_{\frac{1}{\mathrm{e}}}^{\mathrm{e}} \frac{1}{x}(\ln x)^2\mathrm{d}x$；

(3) $\int_1^{e} \frac{dx}{x\sqrt{1-\ln^2 x}}$；

(4) $\int_0^1 \frac{x}{x^2+1}dx$；

(5) $\int_1^2 \frac{e^{\frac{1}{x}}}{x^2}dx$；

(6) $\int_0^1 \frac{e^x}{1+e^x}dx$.

4. 用分部积分法计算下列定积分：

(1) $\int_1^{e} x\ln x dx$；

(2) $\int_0^{\frac{\pi}{2}} x\sin x dx$；

(3) $\int_0^1 \arcsin x\mathrm{d}x$；　　(4) $\int_0^{\frac{\pi}{2}} \mathrm{e}^x \cos x\mathrm{d}x$；

(5) $\int_{\frac{1}{\mathrm{e}}}^{\mathrm{e}} |\ln x| \mathrm{d}x$；　　(6) $\int_0^1 \mathrm{e}^{\sqrt{x}}\mathrm{d}x$.

5. 判别下列广义积分的敛散性，若收敛，计算出数值：

(1) $\int_2^{+\infty} \frac{\mathrm{d}x}{x^2 - x}$；　　(2) $\int_4^{+\infty} \frac{\mathrm{d}x}{\sqrt{x}}$；

(3) $\int_{-\infty}^{+\infty} \frac{\mathrm{d}x}{x^2+4x+5}$；　　(4) $\int_{-\infty}^{0} \cos x \mathrm{d}x$；

(5) $\int_{0}^{+\infty} x\mathrm{e}^{-x^2} \mathrm{d}x$.

6. 求由下列各曲线所围成的图形的面积：

(1) $y=\frac{1}{x}$与直线 $y=x$ 及 $x=2$；　　(2) $y=x^2-1$ 与直线 $y=0$；

(3) $y^2=2-x$ 与直线 $x=0$；

(4) $y=\mathrm{e}^x, y=\mathrm{e}^{-x}$ 与直线 $x=1$；

(5) $y=x^2$ 与 $y=\frac{3}{4}x^2+1$；

(6) $y=\ln x$，y 轴与直线 $y=\ln 2, y=\ln 7$.

7. 设某厂产出某产品 q 单位的总收入 R 是 q 的函数 $R(q)$，边际收入函数为 $R(q)=50-2q$，如果该产品可在市场上全部售出，求总收入函数 $R(q)$.

8. 某产品的边际成本是 $C'(q)=2-q$，固定成本为 100(即产量为 0 时所需成本)，求成本函数 $C(q)$.

9. 设某企业生产某种产品的边际收入为 $R'(q)=210q-3q^2$（万元/吨），求该企业生产该产品的总收入函数，并求出总收入达到最大值时的产量.

10. 已知生产某产品 q 单位(百台)的边际成本和边际收入分别为

$$C'(q)=3+\frac{1}{3}q\text{（万元/百台）与 } R'(q)=7-q\text{（万元/百台）}$$

（其中 $C(q)$ 和 $R(q)$ 分别是总成本函数、总收入函数）

(1) 若固定成本 $C(0)=1$ 万元，求总成本函数、总收入函数和总利润函数；

(2) 产量为多少时，总利润最大？最大总利润是多少？

参考答案

习题 1

1. (1) $-\sqrt{3}\leqslant x\leqslant\sqrt{3}$； (2) $\frac{1}{3}\leqslant x\leqslant\frac{2}{3}$； (3) $x\geqslant 3$； (4) $0\leqslant x\leqslant\pi$.

2. $2,1,2,2,\frac{\sqrt{2}}{2}$.

3. (1) $\arcsin(1-x^2)$； (2) $\tan^2 x$； (3) $\sqrt{\sin 2x}$.

4. (1) $y=\sqrt{u},u=1-x$； (2) $y=\arccos u,u=\sqrt{v},v=x^2-1$； (3) $y=5u^2,u=x+2$； (4) $y=u^2,u=\sin v,v=3x+\frac{\pi}{4}$； (5) $y=\sin u,u=x^3+4$； (6) $y=5^u,u=\cot v,v=\frac{1}{x}$； (7) $y=\lg u,u=\sin v,v=x^3$； (8) $y=\mathrm{e}^u,u=\sqrt{v},v=1+\sin x$； (9) $y=\arccos u,u=\sqrt{v},v=\ln t,t=x^2-1$.

5. 存一年期，$A(1.042^2-1.02^4)$.

6. $y=-\frac{1}{40}x+40$.

7. (1) 80,70； (2) 略； (3) $p=10$，说明在价格为 10 时，生产者的供给量为 0，生产者认为生产和销售该产品无利可图，就不会进行生产和供给.

8. (1) $C(x)=1\,000+4x,x\in\mathbf{N}$； (2) $\overline{C(x)}=\frac{1\,000}{x}+4,x\in\mathbf{N}^+$； (3) $R(x)=8x,x\in\mathbf{N}$； (4) $L(x)=4x-1\,000,x\in\mathbf{N}$.

9. $$R(x)=\begin{cases}250x, & x\leqslant 600,\\ 230x+12\,000, & 600<x\leqslant 800,\\ -20x+212\,000, & x>800.\end{cases}$$

10. (1) 150 台； (2) 2 500 元； (3) 175 台.

11. (1) 略； (2) 0,1； (3) 不存在.

12. 不存在.

13. $a=0,b=5$.

14. (1) 无穷大； (2) 无穷小； (3) 无穷小； (4) 无穷小； (5) 无穷小； (6) 无穷小.

15. $x\to 2, x\to -1$.

16. (1) -9； (2) $-\frac{2}{7}$； (3) $\frac{1}{2}$； (4) 1； (5) $\frac{1}{2}$； (6) $-\frac{1}{2}$； (7) 1； (8) 0； (9) $\frac{2}{3}$； (10) 1； (11) 1； (12) 3； (13) $e^{\frac{1}{2}}$； (14) -2； (15) e^2； (16) e； (17) $\sqrt{5}$； (18) $\sin 1$.

17. (1) $x=-2$,无穷间断点； (2) $x=0$,可去间断点;$x=k\pi,k\in \mathbf{Z}$且不等于0,无穷间断点； (3) $x=0$,可去间断点； (4) $x=1$,可去间断点； (5) $x=1$,可去间断点;$x=2$,无穷间断点； (6) $x=1$,可去间断点;$x=2$,无穷间断点.

18. $a=1$.

习 题 2

1. (1) 不连续,不可导； (2) 连续,不可导.

2. (1) $3x^2-6x+4$； (2) $-x^{-6}-x^{-5}+x^{-2}$； (3) $15x^2-2^x\ln 2+3e^x$； (4) $2\sec^2 x+\sec x\tan x$； (5) $2x$； (6) $2x\ln x+x$； (7) $2e^x\sin x$； (8) $x^{-1}\cos x-x^{-2}\sin x$； (9) $\sin x\ln x+x\cos x\ln x+\sin x$； (10) $-x^{-2}-1-\frac{1}{2}x^{-\frac{3}{2}}$.

3. (1) $8(2x+5)^3$； (2) $3\sin(4-3x)$； (3) $-6xe^{-3x^2}$； (4) $\frac{2x}{(1+x)^2}$； (5) $(-2x+2)e^{-x^2+2x+1}$； (6) $8(1+\sin 2x)^3\cos 2x$； (7) $\frac{1}{\sqrt{x-x^2}}$； (8) $\sec x$； (9) $\frac{x}{\sqrt{1+x^2}}\cos\sqrt{1+x^2}$； (10) $\frac{1}{\ln(\ln x)}\frac{1}{\ln x}\frac{1}{x}$.

4. (1) 1； (2) $-\frac{2}{3}$.

5. (1) $\frac{2}{(1-x)^3}$； (2) $2\arctan x+\frac{2x}{1+x^2}$； (3) $\frac{-2(1+x^2)}{(1-x^2)^2}$； (3) $\frac{x^3e^x-2x^2e^x+2xe^x}{x^4}$； (5) $\frac{x}{\sqrt{(1+x^2)^3}}$； (6) $6x-4$.

6. -2.

7. (1) $(-1)^n n!\,(x+1)^{-n-1}$； (2) xe^x+ne^x； (3) $2^{n-1}\sin\left(2x+\frac{n-1}{2}\pi\right)$；

(4) $y'=\ln x+1, y^{(n)}=(-1)^n(n-2)!\ x^{-n+1}, n\geqslant 2$.

8. 略.

9. (1) $\left(2x+\frac{1}{2\sqrt{x}}\right)dx$; (2) $\left(-\frac{1}{x^2}+\frac{1}{\sqrt{x}}\right)dx$; (3) $2x\sin x dx$; (4) $(x\sin 2x+2x^2\cdot\cos 2x)dx$; (5) $\frac{x}{(x+1)^2}dx$; (6) $\left(\ln x+1+\frac{1}{x^2}\right)dx$; (7) $-2\tan(1-x)\sec^2(1-x)dx$; (8) $(-e^{-x}\cos x-e^{-x}\sin x)dx$; (9) $2\csc^2(1-2x)dx$; (10) $\frac{2x}{1+x^4}dx$; (11) $2^{\sec x}\tan x\sec x dx$; (12) $e^{-x}(\sin x-x\sin x+x\cos x)dx$; (13) $-\frac{1}{2\sqrt{1-x}}dx$; (14) $\left(\frac{1}{x}+\frac{x}{1-x^2}\right)dx$.

10. (1) $2x+c$; (2) x^2+c; (3) $\sin t+c$; (4) $-\frac{1}{\omega}\cos\omega x+c$; (5) $\ln(x+1)+c$; (6) $-\frac{1}{2}e^{-2x}+c$; (7) $2\sqrt{x}+c$; (8) $\frac{1}{3}\tan 3x+c$.

习题3

1. (1) 单调增区间:$(-2,0)\cup(2,+\infty)$,单调减区间:$(-\infty,-2)\cup(0,2)$; (2) 单调增区间:$(1,+\infty)$; (3) 单调增区间:$\left(-\infty,-\frac{1}{2}\right)\cup\left(\frac{1}{2},+\infty\right)$,单调减区间:$\left(-\frac{1}{2},\frac{1}{2}\right)$; (4) 单调增区间:$\left(-\infty,-\frac{1}{2}\right)\cup\left(\frac{1}{2},+\infty\right)$,单调减区间:$\left(-\frac{1}{2},\frac{1}{2}\right)$.

2. $a=-3, b=3$.

3. 单调增区间:$(a,0)\cup(x_1,x_3)\cup(x_4,b)$,单调减区间:$(0,x_1)\cup(x_3,x_4)$;极大值点为$0,x_3$,极小值点为$x_1,x_4$.

4. (1) 极大值为4,极小值为0; (2) 极小值为0; (3) 极小值为$\frac{1\,458}{256}$; (4) 极大值为0,极小值为$2e^{-1}$; (5) 极小值为$\frac{\pi}{4}-\frac{1}{2}\ln 2$; (6) 极小值为$2\sqrt{2}$;

5. (1) 2,−10; (2) 13,4; (3) e,1.

6. 2.

7. (1) 9.5; (2) 22.

8. (1) $10Q-\frac{Q^2}{5}$, $10-\frac{Q}{5}$, $10-\frac{2Q}{5}$; (2) 120, 6, 2.

9. $-\frac{4\,000}{9\,261}\approx -0.43$.

10. (1) $\eta(p)=-\dfrac{p}{5}$； (2) -0.6，-1，-1.2.

11. (1) -24； (2) -1.85； (3) 1.7%，增加.

12. 101，167 080.

13. 3，$\dfrac{15}{e}$，$\dfrac{45}{e}$.

14. 5，10 000.

15. 25.

16. 100.

习 题 4

1. (1) $-\dfrac{1}{x}+c$； (2) $-\dfrac{2}{3}x^{-\frac{3}{2}}+c$； (3) $e^x+\dfrac{3}{4}x^{\frac{4}{3}}+c$； (4) $\sin x+\cos x+c$； (5) $x+\cos x+c$； (6) $-x^{-1}-\dfrac{1}{5}x^{-5}+c$； (7) $\dfrac{1}{3}(x-2)^3+c$； (8) $2e^x+3\ln|x|+c$； (9) $-\arctan x+c$； (10) $2x-5\left(\dfrac{2}{3}\right)^x\ln\dfrac{2}{3}+c$； (11) $-\cot x-\tan x+c$； (12) $-\dfrac{1}{x}-\arctan x+c$； (13) $x^3+\arctan x+c$； (14) $-2\cot x+c$； (15) $\tan x-\sec x+c$.

2. (1) $-\dfrac{1}{8}(3-2x)^4+c$； (2) $-\dfrac{1}{2}(2-3x)^{\frac{2}{3}}+c$； (3) $-\dfrac{1}{3}\cos\left(3x-\dfrac{\pi}{4}\right)+c$； (4) $\dfrac{1}{26}(2x-1)^{13}+c$； (5) $-\dfrac{1}{5\ln 3}3^{2-5x}+c$； (6) $\arcsin\dfrac{x}{3}+c$； (7) $-2\cos\sqrt{t}+c$； (8) $\sqrt{x^2-2}+c$； (9) $\dfrac{2}{3}(2+e^x)^{\frac{3}{2}}+c$； (10) $-\dfrac{1}{4}\cos 2x+c$； (11) $-\dfrac{1}{\ln x}+c$； (12) $\dfrac{x}{2}+\cos\dfrac{x}{2}+c$； (13) $\arctan e^x+c$； (14) $\dfrac{1}{2a}\ln\left|\dfrac{1+a}{1-a}\right|+c$.

3. (1) $x\sin x-\cos x+c$； (2) $x\arcsin x+\sqrt{1-x^2}+c$； (3) $\dfrac{x^2}{2}\ln x-\dfrac{x^2}{4}+c$； (4) $xe^{-x}-e^{-x}+c$； (5) $-x^2\cos x+2x\sin x+2\cos x+c$； (6) $\dfrac{e^x(\sin x-\cos x)}{2}+c$.

习 题 5

1. (1) $\dfrac{20}{3}$； (2) $3e-\dfrac{7}{4}-\cos 1$； (3) 4； (4) $\sqrt{3}-\dfrac{\pi}{3}$； (5) $\dfrac{\pi}{2}-1$； (6) $\dfrac{\pi}{12}-\dfrac{\sqrt{3}}{3}+1$； (7) $\dfrac{\pi}{4}+1$； (8) 4.

2. $\dfrac{1}{3}-\dfrac{1}{3}e^{-3}+\dfrac{1}{2}\ln^2 3$.

3. (1) $\ln 2$； (2) $\dfrac{2}{3}$； (3) $\dfrac{\pi}{2}$； (4) $\dfrac{1}{2}\ln 2$； (5) $e-e^{\frac{1}{2}}$； (6) $\ln(1+e)-\ln 2$.

4. (1) $\frac{1}{4}e^2+\frac{1}{4}$； (2) 1； (3) $\frac{\pi}{2}-1$； (4) $\frac{1}{2}(e^{\frac{\pi}{2}}-1)$； (5) $2-\frac{2}{e}$； (6) 2.

5. (1) 发散； (2) 发散； (3) 收敛，π； (4) 发散； (5) 收敛，$\frac{1}{2}$.

6. (1) $\frac{3}{2}-\ln 2$； (2) $\frac{4}{3}$； (3) $\frac{8\sqrt{2}}{3}$； (4) $e+\frac{1}{e}-2$； (5) $\frac{8}{3}$； (6) 5.

7. $50q-q^2$.

8. $2q-\frac{1}{2}q^2+100$.

9. $105q^2-q^3$，70.

10. (1) $C(q)=53q+\frac{1}{6}q^2+1$，$R(q)=7q-\frac{1}{2}q^2$，$L(q)=-\frac{2}{3}q^2+4q-1$； (2) 3 百台，5 万元.